AF464403

DE

L'ÉDUCATION POLITIQUE

DE

LA FRANCE

EXTRAIT DE *VARIA*.

NANCY,

VAGNER, IMPRIMEUR-LIBRAIRE-ÉDITEUR,
Rue du Manége, 5.

MAI 1863.

NANCY. — IMP. DE VAGNER, RUE DU MANÉGE, 3.

DE L'ÉDUCATION POLITIQUE DE LA FRANCE.

Beaucoup de Français déclarent d'un ton décidé que leur pays est incapable de se gouverner lui-même. Très-fiers d'ailleurs de la nation dont ils sont membres, ils la comblent de louanges et vantent à satiété son patriotisme, son courage, son dévouement aux idées nobles et généreuses, son intelligence vive et étendue, son zèle pour le progrès, son amour de l'égalité, ses mœurs douces, ses manières aimables et son aptitude singulière à communiquer ses idées et à s'approprier celles d'autrui. Cet ensemble de belles qualités ne présente qu'une lacune : il ne laisse à désirer que l'art de se conduire soi-même. Encore y a-t-il tant à regretter cette imperfection? Ne serait-elle pas la condition de très-grands avantages? Et n'a-t-on pas en tous cas tant de dédommagements, qu'il serait vraiment injuste d'accuser la destinée? Quoi de plus vain que d'arrêter sa vue sur un point défectueux, quand de toute part se déploie le spectacle du bien?

Pour nous, sans vouloir nier ni diminuer les divers genres de mérite dont notre patrie est ornée, nous ne saurions nous absorber assez dans la satisfaction qu'ils nous causent, pour oublier tout-à-fait le complément qui leur manque. Nous ne pouvons considérer comme un attribut secondaire celui qui consiste à savoir se gouverner soi-même. La gloire militaire, les agréments de la politesse, la prospérité matérielle, la régularité de l'administration, les succès dans les arts et dans les sciences, nous touchent vivement et excitent à un haut degré notre intérêt, mais ne remplacent pas pour nous les vertus morales, qui, étant destinées à présider à la conduite de l'homme, nous semblent appelées à occuper le premier rang dans notre personne et notre vie, et ne pouvoir être suppléées par aucune autre sorte d'avantages.

Quand on entend dire d'un individu qu'il s'est distingué à la guerre, ou que par son habileté il a acquis de grandes richesses, ou qu'il excelle dans quelque art ou dans quelque science, on éprouve aussitôt pour lui de la considération; mais ce sentiment n'est pas entier, il est spécial et borné, il est contenu par une certaine réserve. Avant d'estimer complétement une personne, on veut connaître son caractère, on veut savoir si elle possède les qualités supérieures de l'âme, la fermeté, la prudence, l'équité, la dignité, qui sont les forces morales par lesquelles l'homme se gouverne. En vain un artiste, un savant, un militaire, un industriel se seront signalés par des entreprises et des œuvres éclatantes, si dans le cours ordinaire de leur vie ils se montrent légers, inconsistants, désordonnés, s'ils n'ont de respect ni pour autrui, ni pour eux-mêmes, s'ils se livrent au joug de leurs passions ou aux caprices d'un maître, quels que soient du reste leurs talents ou les dons heureux de leur nature, ils ne seront pas vraiment honorés, et n'auront droit qu'à une place secondaire parmi leurs contemporains.

Il en est d'une nation comme des individus qui la composent. Ses propriétés essentielles ne sont autres que celles des parties dont elle est la somme, et s'il est vrai de dire que les attributs primordiaux de chacun de ses membres sont la rectitude, l'indépendance et la noblesse du caractère, on devra également reconnaître que les mêmes qualités sont les éléments les plus importants de sa complexion morale et ses principaux titres à l'estime et au respect des hommes. Si donc il fallait admettre que la France fût incapable de se gouverner elle-même et de développer en elle les vertus que cette tâche implique, il y aurait beaucoup à rabattre sur les éloges qui lui sont prodigués. Le sentiment qu'elle exciterait ne serait plus une entière admiration, mais il s'y mêlerait des regrets et de la pitié. Sa prétention d'être placée au premier rang des nations serait justement taxée d'outrecuidance. L'opinion universelle dénonçant son incapacité l'inviterait d'un ton d'amère raillerie à se montrer plus modeste, et loin d'aller chercher près d'elle des leçons, elle lui opposerait sans cesse des critiques et des censures. Si parfois les peuples avaient à redouter les élans de sa fougue et les entreprises de son arrogance, ces appréhensions n'engendreraient nullement l'estime, mais une aversion qui, en se propageant, rassemblerait tôt ou tard des forces suffisantes pour réprimer de téméraires agressions.

Sans partager l'enthousiasme de ces patriotes français qui, s'admirant dans leur pays, ne veulent y voir aucune tache et réduisent à des proportions minimes les défauts qu'ils y rencontrent, nous ne saurions non plus nous résigner patiemment à l'incapacité politique dont ils nous déclarent frappés. Sur ce point, notre fierté s'émeut et s'irrite, et avant d'accepter une condamnation qui nous humilierait profondément, nous éprouvons le besoin d'en sonder les bases et de discuter les chefs d'accusation. Nous sentons s'élever en nous une protestation instinctive, qui veut se fortifier d'une démonstration.

La raison principale qu'on allègue pour prouver que les Français sont incapables de se gouverner eux-mêmes est qu'ils n'y ont pas réussi, malgré les tentatives multipliées qu'ils ont faites dans ce but ; et à ce propos on établit entre les peuples de race germanique et les peuples de race latine une comparaison de laquelle il ressortirait que les premiers auraient reçu de la nature une prudence, une modération, une fermeté, une constance, qui leur permettraient de se concerter, de s'organiser et de se régir librement, tandis que les seconds, étourdis, mobiles, licencieux et emportés, seraient incapables de prendre de l'empire sur eux-mêmes, de se contenir, de se diriger et de s'accorder en vue d'un commun intérêt. Les uns acquerraient facilement la maturité nécessaire pour instituer eux-mêmes leur gouvernement, lui tracer sa tâche comme à un mandataire et exercer sur lui une surveillance active et efficace. Les autres inhabiles à se donner des règles de conduite et à s'y conformer, à tirer d'eux-mêmes un pouvoir qui les représente et à lui prêter une force exactement mesurée, auraient sans cesse à subir ou à invoquer l'autorité d'un maître, dont la volonté une et permanente s'imposerait à une multitude confuse de tendances anarchiques.

Prononcer un pareil arrêt, c'est vouer à un état perpétuel d'infériorité les peuples latins ou romans; c'est les subordonner complétement aux peuples germaniques; c'est leur ravir les attributs les plus élevés et les plus essentiels de l'humanité; c'est les condamner à un abaissement qu'aucune illusion et aucun sophisme ne sauraient pallier. En articulant une sentence aussi affligeante, celui qui s'en trouverait lui-même atteint devrait se sentir rempli de honte, et si au contraire il affectait un ton léger et ironique, il montrerait un cœur bas et afficherait un déplorable cynisme.

Prétendre que les peuples romans sont incapables de se gouverner n'est pas seulement leur interdire la vie publique, c'est encore accuser gravement leurs mœurs privées. Les qualités morales qui doivent présider à nos rapports avec nos concitoyens ne sont pas différentes de celles qui nous suggèrent les règles de conduite que nous devons observer dans nos relations de famille, d'amitié et de commerce social. S'il est irrévocablement décidé qne nous sommes hors d'état de nous bien comporter sur le terrain politique, il faut en conclure que nous sommes radicalement destitués des facultés directrices de l'âme, et que dans toutes les occasions où nous aurons à traiter avec nos semblables, nous trahirons la même ineptie. Sans doute on reculera devant cette extrémité, cependant on aura posé les prémisses qui l'auront amenée.

Qu'on examine les populations romanes hors du champ de la politique, dans le sein de la famille et dans les divers autres cercles de relations sociales, les voit-on dépourvues de raison, de sagesse et d'équité ? Les voit-on incapables de s'entendre et de se concerter, de réunir et de diriger des volontés en vue d'un but commun, de poursuivre des projets avec fermeté et persévérance, et d'établir parmi elles un heureux accord et une solide discipline ? Qu'on fasse l'anatomie psychologique des Romans et des Germains, trouvera-t-on dans ceux-ci des organes moraux, des facultés réflexives et régulatrices qui soient dans ceux-là absentes, ou atrophiées, ou sensiblement plus faibles ? La constitution psychique des uns et des autres renferme les mêmes éléments dans des proportions à peu près égales, et c'est cette parité qui a autorisé les savants à en former un même groupe ethnographique, qu'ils ont opposé à la race sémitique, à la race mongole et aux autres fractions du genre humain.

Si la complexion originelle des divers peuples romans et germaniques est à peu près identique, chacun de ces peuples en revanche se montre fort différent de lui-même dans les phases successives de son développement. La destinée de l'homme est de changer, de se former lui-même, de tirer de ses facultés natives une multitude indéfinie d'actes qui varient et se transforment selon certaines conditions antécédentes ou concurrentes. Son existence sera singulièrement diversifiée, suivant les influences qu'il subira, les secours qui lui seront offerts et les obstacles qu'il rencontrera, suivant qu'au début il sera négligé, maltraité, laissé à l'état brut, ou soigné, caressé et bien élevé, et que plus tard il sera rebuté, avili, dénué, assujéti à des travaux arides, et entretenu dans des mœurs incultes et grossières, ou bien entouré d'affection, d'estime et de considération, muni de talents distingués et profitables, pourvu d'une facile subsistance et armé de moyens efficaces de défense contre toute sorte d'entreprises nuisibles. Dans le premier cas, il se défendra difficilement des inspirations mauvaises de la misère, du dégoût et du ressentiment; il sera rude, emporté, farouche, désordonné, porté à la débauche et enclin tour à tour à s'irriter et à s'abaisser. Dans le second cas, il se montrera réfléchi, mesuré, sage, honnête, civil et consistant.

De même une nation placée dans des circonstances diverses tiendra des genres de conduite tout différents, et ses conditions d'existence venant à changer, elle se transformera pareillement. Les Romains furent-ils valeureux ou pusillanimes, fiers ou vils, austères ou relâchés, sages ou imbéciles, vigoureux ou énervés? Quelque contradictoires que paraissent être ces deux séries d'épithètes, on pourra les leur appliquer tour à tour, suivant qu'on les considérera dans les beaux âges de la république ou dans les temps du césarisme. Leurs descendants, les Italiens, après avoir subi pendant plusieurs siècles le joug barbare des envahisseurs ultramontains, se ranimèrent, se relevèrent, reconquirent leur indépendance et firent refleurir au sein de leurs municipalités une civilisation qui servit d'exemple au reste de l'Europe. Mais cette résurrection fut précaire; bientôt elle succomba sous l'oppression étrangère, que secondaient de déplorables divisions intestines; enfin nous la voyons reprendre un nouvel essor que toutes les nobles âmes soutiennent de leurs vœux, et qui triomphera, il faut l'espérer, non moins des vices héréditaires de la nation que des jalousies, des intrigues et de la malice de l'étranger.

Qu'était devenu l'orgueil espagnol sous le despotisme altier et ombrageux des successeurs de Charles-Quint et de leurs arrogants ministres? Sans doute l'autocratie royale, s'armant des ressources que lui fournissaient de vastes et lointaines possessions, avait par des progrès latents et continus acquis une force qui désarmait toute résistance. Et les habitants des diverses contrées des Pays-Bas, d'abord si bien unis et égaux en énergie et en courage dans la lutte qu'ils soutinrent contre les entreprises tyranniques de Philippe II, comment en vinrent-ils à se diviser, les uns se décourageant, pliant sous le faix de l'infortune et se résignant à une humiliante soumission ; les autres redoublant d'abnégation et d'intrépidité, endurant avec impassibilité les souffrances et les défaites les plus cruelles, et parvenant enfin à force d'héroïsme à conquérir leur glorieuse indépendance? Apparemment, les Bataves avaient trouvé des points d'appui et des secours moraux et matériels dont les Belges avaient été privés.

Les Allemands et les Anglais sont réputés former les deux grands rameaux de la race germanique ; et cependant leurs destinées ont singulièrement différé. Les uns sont restés divisés, embarrassés dans les débris du moyen-âge, enlacés dans de vieilles traditions d'oligarchie et de droit divin, impuissants à se concerter, à s'organiser, à s'émanciper et à développer en eux une vie libre et féconde. Les autres, tout en gardant intactes leurs franchises individuelles, ont constitué une nationalité extraordinairement puissante ; ils se sont montrés à la fois fiers et disciplinés, énergiques et réglés, véhéments et contenus ; avides d'innovation, ils ont su retenir tout ce qu'il y avait d'utile dans leur héritage du passé; passionnément attachés à leur liberté, qu'ils regardent à bon droit comme leur bien le plus précieux, ils ont porté assistance à celle du reste du monde, en communiquant au dehors la contagion de leur propre exemple, et en combattant avec acharnement tous les envahissements qui menaçaient l'indépendance des nations.

Si l'on en vient à comparer la vie politique des Anglais et celle des Français, sans doute on ne saurait méconnaître des différences considérables. Toutefois elles sont moindres qu'on ne le prétend et qu'on n'est tenté de le croire, quand on porte principalement son attention sur les deux derniers siècles. Au moyen-âge, au temps de Philippe-le-Bel et des premiers Henri, on voyait sur les deux rives de la Manche les mêmes forces sociales qui tendaient à s'équilibrer ; une monarchie active et entreprenante, qui fondait son ambition sur la constance de ses vues et l'idée d'unité nationale ; une seigneurie répandue et enracinée sur tout le territoire, disposant de la force des armes et sans cesse prête à en user ; des communes enrichies par le travail, animées au progrès, ennoblies et retrempées par les combats qu'elles avaient récemment livrés pour conquérir leur affranchissement. Deux siècles plus tard, en deçà comme au-delà du détroit, la royauté est devenue prépondérante ; elle fait peser un pouvoir autocratique sur une noblesse imprévoyante qui s'est affaiblie par ses dissensions et sur une bourgeoisie dont les éléments épars n'ont pu se grouper et s'organiser. L'omnipotence des Tudor paraît non moins assurée que celle des Valois. Les princes anglais semblent même beaucoup plus absolus que leurs cousins de France; par leur vigueur, ils préviennent des ébranlements et des attaques dont ceux-ci ont gravement à souffrir, et vers la fin du siècle le commun des observateurs prédisait sans doute aux héritiers d'Elisabeth une puissance bien plus grande qu'aux successeurs d'Henri III.

Mais ces prévisions devaient être démenties. Tandis que les adversaires de la royauté française, en se détruisant mutuellement, lui préparaient un triomphe complet, les éléments de résistance que la monarchie anglaise avait comprimés et non anéantis reprennaient secrètement leur ressort et devaient au bout de quelque temps faire explosion. Au moment où Louis XIV enfant monte sur le trône, la similitude qui avait existé entre la France et l'Angleterre fait place à un contraste frappant. Puis durant un siècle et demi, ces deux nations courent dans des voies diamétralement opposées. Tandis que l'une, relevant et restaurant ses libertés abattues, rentre fièrement en possession d'elle-même, fonde sa grandeur en même temps que sa constitution, tire avec une admirable dextérité de ses traditions séculaires les parties constituantes de l'organisation la plus robuste et la plus vivace, et se prépare un avenir indéfini en assurant l'entier développement de toutes ses tendances, l'autre, s'abandonnant elle-même, se livre à l'omnipotence du pouvoir royal, croit trouver l'ordre et la stabilité dans l'arbitraire du monarque, se montre parfois ardente et brillante sous la main qui la mène aux champs de bataille, puis retombe affaissée sous cette main devenue languissante, s'adonne à certains arts avec un rare succès, mais laisse dépérir d'autres branches de son activité, va devant elle au hasard, confusément, sans savoir ce qu'elle est ni ce qu'elle doit être, se venge de son inconsistance et de son état de dépression en s'en moquant, se jette à la poursuite du plaisir pour oublier son manque de dignité, et trouve des consolations plus nobles dans la culture des lettres et des sciences qui doit préparer sa régénération.

Quelque étonnant que soit ce contraste entre deux peuples rivaux, qui étaient parvenus à un degré de civilisation à peu près égal, et dont les antécédents ne présentent pas à première vue de différence considérable, on en découvre cependant l'explication, quand on étudie attentivement les faits du moyen-âge. En Angleterre, après l'invasion normande, la royauté voulut exercer les droits illmités que s'arroge un chef d'armée en pays conquis. Les seigneurs, voyant se tourner contre eux ce pouvoir tyrannique auquel ils s'étaient associés durant les premiers temps de la conquête, et reconnaissant qu'ils ne pouvaient le réprimer sans l'assistance d'autrui, s'appliquèrent à relever les vaincus pour s'en faire des auxiliaires. Dès le XIIe siècle, on vit la noblesse, les communes et une bourgeoisie rurale se grouper, s'organiser, prendre conscience d'elles-mêmes, traiter entre elles, stipuler leurs droits respectifs et collectifs et régler nettement leurs rapports avec la royauté. Dans le même temps la dynastie française était encore à l'état embryonnaire; loin d'être armée de la force et décorée du prestige que donnent la conquête, elle subissait la peine de son origine, qui avait été le signal et la consécration du démembrement du pouvoir royal. La seigneurie féodale était toute puissante; bravant la couronne et méprisant les bourgeois et les vilains, elle s'adonnait à une insouciante sécurité, restait dispersée et dédaignait non seulement de travailler à l'établissement d'un système universel de garanties, mais encore de se constituer elle-même et de pourvoir à son avenir. Quant aux communes, beaucoup revendiquaient leurs franchises et méritaient de les recouvrer par leur courage, leur dévouement et leurs vertus civiques; mais elles demeuraient isolées et n'avaient ni l'intelligence, ni la hardiesse, ni la confiance, ni les moyens suffisants pour s'entendre, se concerter et former entre elles une fédération fortement nouée, persistante et capable de résister à toutes les épreuves.

Ainsi les éléments sociaux de la France et de l'Angleterre, qui, étant considérés à un point de vue purement anatomique ou virtuel, pouvaient paraître semblables, présentaient cependant cette grave différence que les uns étaient dissous, incohérents, livrés au hasard des événements et destinés finalement à être subjugués par la royauté, seule puissance vraiment constituée, une, et persistante dans ses desseins, tandis que les autres étaient groupés, reliés entre eux et investis d'une organisation qui, tout imparfaite qu'elle fut, devait maintenir en eux une vitalité permanente. Aussi quand en Angleterre la monarchie commit ses usurpations, elle ne parvint pas à anéantir, mais ne fit que refouler le ressort des volontés et des institutions nationales, qui, lorsque la compression se fut épuisée, retrouvèrent au moment de leur résurrection leur vigueur antique et leurs traditions perpétuelles. En France au contraire l'autorité royale fit plus qu'abaisser et amortir, elle détruisit complétement l'existence politique de la noblesse et de la bourgeoisie, qui, délivrées plus tard par la caducité même du despotisme, ne purent emprunter à leur passé ni enseignements, ni expérience, ni point d'appui. Le seul guide qui s'offrit alors fut la théorie.

Si nous ne nous trompons, la différence des destinées de la France et de l'Angleterre dans les derniers âges s'explique par la diversité des situations des seigneurs anglais et français durant le XIIe siècle. Chez nous les possesseurs de fiefs, croyant leur suprématie inattaquable, dédaignèrent dans leur présomptueuse impéritie de s'allier et de porter assistance aux gens des communes. De l'autre côté de la Manche, la noblesse, sans cesse alarmée des entreprises de la royauté et invitée par le danger à créer un système efficace de résistance, se coalisa avec les classes moyennes, se servit d'elles, les soutint et leur fit une large place dans les cadres d'une organisation politique, fondée en vue de la liberté. Si cette explication, qui nous semble évidente, est acceptée, ce n'est point à une inégalité d'aptitudes politiques, mais simplement aux conséquences de faits purement éventuels qu'il faut imputer cette différence profonde et cependant occasionnelle, qui s'observe entre les Anglais dictant leurs conditions aux Stuarts, à Guillaume et aux Georges, et les Français subissant avec une humble docilité le joug de Richelieu, de Louis XIV et de Louis XV. Il faut sans doute aussi tenir compte des influences religieuses, dont il est facile de nos jours d'apercevoir la portée.

La royauté française en devenant absolue établissait un ordre qui, élaboré dans le dessein de plier tout le monde sous une commune discipline, procurait toutefois aux individus des garanties qui excitaient en eux une naïve et excessive reconnaissance. Sous l'impression de ce sentiment et du prestige qui émanait de l'omnipotence royale, ils oublièrent facilement leurs droits et leurs devoirs civiques, et subirent indolemment les envahissements du despotisme. Faibles isolément, ils ne trouvaient d'appui les uns près des autres que dans l'enceinte de corporations étroites, exclusives et strictement renfermées dans une spécialité technique. Leur horizon, leurs intérêts. leur action ne dépassaient point les cercles de la famille et de la profession. Les plus notables d'entr'eux étaient rattachés à la hiérarchie monarchique, où ils avaient échangé leur dignité et leurs attributs de citoyen contre des titres, des charges, des offices et des immunités. D'innombrables amorces avaient été tendues aux vanités et aux petites ambitions par les souverains, qui voulaient incorporer dans leur cortége et s'assujétir par les liens d'une dépendance personnelle quiconque s'élevait au-dessus de la foule ; d'ailleurs, la mauvaise gestion de leurs finances les amenait périodiquement à faire trafic de quelques fonctions ou distinctions nouvelles. La plupart des emplois publics étant devenus patrimoniaux, formaient une masse énorme de priviléges qui parquaient leurs détenteurs dans des situations exceptionnelles et créaient pour ceux-ci des intérêts opposés à ceux de la communauté.

Dans cet état d'isolement égoïste où chacun vivait et parmi les abus de toute sorte engendrés par l'arbitraire royal, par les priviléges individuels, par des traditions gothiques et par l'incurie de l'administration, circulait cependant au sein de la société un esprit vivifiant et régénérateur. Enfanté par la littérature il se développait et se propageait dans des conversations quotidiennes, qui n'avaient originairement d'autre mobile que le goût des plaisirs intellectuels. Les écrivains, après avoir observé et dépeint les hommes, s'enhardissant peu à peu, s'étaient mis à examiner et à critiquer l'organisation politique des sociétés. Entraînant avec eux l'opinion publique, ils lui firent détester en même temps qu'ils lui découvrirent les vices du régime qui dominait en France. Puis le sentiment du mal excitant le désir du remède, des projets de réforme ne tardèrent pas à se produire.

Les philosophes qui les conçurent étaient adonnés à la spéculation pure. Etrangers aux affaires publiques qui se traitaient dans le secret du cabinet royal, ils n'avaient pu acquérir aucune expérience et étaient réduits à tirer de leur imagination des types auxquels ils adaptaient les règles politiques qu'il s'agissait de tracer. Or, à cette époque, les sciences mathématiques et physiques jouissaient d'une haute faveur que leur avait mérités une longue suite de brillants succès. Les résultats qu'elles avaient obtenus étaient justement attribués à l'excellence de leur méthode, qui, rejetant les fictions arbitraires de l'école et les idées formées *à priori*, n'admettait au point de départ que des notions claires et précises, et ne poursuivait sa marche que selon des déductions parfaitement vérifiées. Les philosophes qui se proposaient de reconstruire la science sociale, crurent qu'ils ne réussiraient dans leur entreprise qu'à la condition d'user des procédés dont l'efficacité avait été démontrée dans l'ordre des faits matériels. En conséquence ils cherchèrent à saisir dans les faits moraux certains traits nets et simples, qui se prêtassent à des combinaisons exactement logiques.

Mais si l'on peut dégager des corps certaines propriétés mécaniques ou physiques et raisonner solidement sur ces données abstraites, il n'en est pas de même de l'homme. Les éléments dont il se compose sont unis d'une manière tellement étroite, que, si on les isole, on les dénature, et que toutes les spéculations que l'on fera sur des fragments détachés, paraîtront complétement vaines, quand on voudra les appliquer au tout, qui seul existe réellement. L'homme est un sujet extrêmement complexe, qu'il faut accepter comme tel, avec les embarras et la confusion qui en résultent pour son étude. Le simplifier artificiellement, afin de pouvoir le définir avec précision, et le soumettre à des combinaisons rigoureusement déduites et symétriquement ordonnées, c'est spéculer d'une façon tout arbitraire et s'exposer à de graves erreurs. Le *Traité des Sensations*, de Condillac, et l'*Emile*, de Rousseau, en sont des preuves célèbres.

Ce n'était pas seulement le goût de la régularité logique qui portait les philosophes et leurs adeptes à réduire par l'analyse la nature humaine à un petit nombre d'éléments simples et faciles à combiner, ils étaient en outre engagés dans cette voie par le désir de transformer la condition de leurs semblables. S'indignant au spectacle des misères que racontait l'histoire de l'humanité, et dont la série se continuait sous leurs yeux, ils conçurent l'ambition généreuse d'ouvrir une ère nouvelle de réhabilitation et de bonheur, ou du moins d'offrir à leurs contemporains des systèmes dont l'exécution eut amené une régénération complète. Pour substituer radicalement le bien au mal et la félicité à la misère, il fallait que les hommes fussent susceptibles d'être entièrement renouvelés et par conséquent qu'ils fussent composés d'éléments maniables à volonté.

Tout le mal qui s'était produit dans le monde fut imputé à des institutions vicieuses, et en revanche on se promit de réparer tous les anciens torts et d'assurer le sort des générations futures moyennant un système de législation et un ensemble de mesures savamment conçus. Les hommes avaient souffert, s'étaient persécutés les uns les autres et s'étaient corrompus, parce qu'ils avaient été placés sous l'empire de circonstances qui avaient engendré l'ignorance, la superstition, l'oppression, la violence et la servilité; mais dès qu'on parviendrait à les soumettre à une organisation sage, équitable et bienfaisante, on les verrait s'éclairer, se corriger, s'accorder entre eux et jouir de tous les bienfaits de la vie sociale.

Suivant ces théories, le principe d'impulsion de notre activité ne résiderait pas en nous, mais consisterait dans des forces extérieures, qui opérant sur nous détermineraient notre conduite. Ce principe ne serait plus subjectif, mais objectif; interversion condamnée par la psychologie et tout-à-fait contraire à la vérité, mais qu'il fallait supposer pour pouvoir ranger dans la classe des faits purement contingents et accidentels toutes les misères et tous les vices du passé et assurer dans l'avenir le règne du bonheur et de la vertu.

Tandis que ces théories se propageant dans les esprits y faisaient naitre des espérances, des désirs et des desseins dont la hardiesse croissait de jour en jour, la monarchie s'affaissait sous le poids de sa propre caducité. Le respect superstitieux qu'elle avait si longtemps inspiré s'était évanoui; elle se sentait impuissante à maîtriser l'opinion publique qui s'était affranchie aussitôt qu'éclairée; ses instruments d'action s'étaient usés et faussés; ses ressources s'étaient épuisées; ses anciens succès s'étaient convertis en revers; les éléments aristocratiques qu'elle avait créés pour s'en faire des auxiliaires dociles se dissolvaient, ou se montraient réfractaires, ou s'entrechoquaient tumultueusement. Désolée de ses échecs et de sa pénurie, déconcertée par la désertion de la plupart de ses serviteurs, accablée par le sentiment de son impuissance, alarmée de l'agitation et des menaces qui grondaient de toute part, elle fut prise un jour de vertige et appelant la nation à partager le gouvernement, elle prononça elle-même sa propre déchéance.

L'assemblée qui fut chargée de représenter la nation, usa de toute la puissance contenue dans son mandat, et brisant les faibles entraves que lui opposait la royauté démoralisée, elle s'empara du pouvoir politique tout entier. Imbue des théories régnantes, elle abattit et rasa l'ancien édifice monarchique pour y substituer une construction toute nouvelle, basée sur la souveraineté du peuple. Les abus et les maux du passé étant exclusivement attribués au régime du despotisme et des priviléges, un gouvernement émanant dans toutes ses branches du vœu populaire devait venger tous les griefs, consacrer tous les droits, concilier tous les intérêts et rétablir partout la concorde. Ces beaux résultats étaient l'objet de l'attente universelle, et chaque décret de l'Assemblée constituante était salué par un surcroît d'espérances.

Mais de pénibles déceptions vinrent bientôt troubler la commune allégresse. Les Constituants avaient maintenu la royauté, en la démunissant de la plupart de ses prérogatives. Ils avaient cru ainsi lui enlever tout autre pouvoir que celui qu'ils voulaient faire servir à leurs desseins. Ils s'abusaient doublement. La royauté défaite et humiliée n'avait pu être métamorphosée de telle sorte qu'elle oubliât ses pertes, dévorât sa honte, répudiât toute rancune et se prêtât docilement au rôle subalterne et passif qui lui était assigné. D'ailleurs pour remplir les fonctions qui lui étaient dévolues, il eût fallu qu'elle disposât des forces qui lui avaient été retirées par un sentiment de jalouse méfiance. Dans l'état d'impuissance auquel elle était réduite, elle ne pouvait que se repaître de ses chagrins, tenter dans l'ombre des conspirations stériles, et échanger des doléances avec les privilégiés déchus, qui formaient jadis son cortége, et qui maintenant s'evertuaient en vain à combiner avec elle des plans de restauration.

Les agents du pouvoir émanés du suffrage populaire n'avaient pas précisément emprunté à leur origine les talents qui leur étaient nécessaires pour bien s'acquitter de leurs emplois. La faveur de leurs concitoyens n'avait pas eu la vertu de leur communiquer le savoir, l'expérience, l'habileté, la fermeté, la prudence dont ils eussent dû être munis pour seconder efficacement et faire pénétrer dans tous les détails et dans toutes les localités l'action de l'Assemblée constituante, qui s'était proposé pour tâche de procéder à une réorganisation complète du gouvernement. Magistrats, financiers, administrateurs improvisés, ce n'est pas seulement avec de la chaleur patriotique et les formules générales répandues dans la foule qu'ils pouvaient faire marcher avec précision et sûreté des services reconstitués à neuf, dans les circonstances les plus difficiles, au milieu du désarroi d'une révolution, de la liquidation d'un passé onéreux et des agitations incessantes de la place publique.

Les populations avaient tressailli de joie en voyant la Constituante inaugurer le règne de la liberté et de la souveraineté nationale, mais l'amour du régime nouveau ne leur en avait pas procuré la connaissance. Elles croyaient facilement aux promesses de bien-être qui leur étaient faites, mais elles ne se rendaient pas aussi bien compte des conditions d'accomplissement. Elles étaient toutes disposées à jouir des bienfaits de la révolution, mais beaucoup moins à les acheter au prix des labeurs qu'ils exigeaient. Elles s'en remettaient du soin de leur destinée à l'efficacité de l'organisation qui se préparait, et sur ce point leur crédulité ne le cédait en rien aux illusions de leurs chefs, les Constituants.

Les satisfactions qu'on se promettait n'admettaient aucune réserve. On se persuadait que tous les maux du passé avaient eu pour cause le despotisme et que sa suppression devait faire cesser toute gêne. La liberté était considérée comme la faculté accordée à chacun de suivre ses penchants et d'obéir à ses goûts. On croyait naïvement que lorsque les citoyens ne seraient plus vexés par le despotisme et les priviléges, ils ne seraient plus excités à être méchants et tendraient spontanément à se mettre en harmonie les uns avec les autres. On regardait comme authentique cette maxime, que l'homme est né bon et que sa corruption n'est provenue que d'institutions mauvaises. On ne tenait aucun compte de l'égoïsme inhérent à sa nature, de ses inclinations si promptes à se vicier, des semences d'orgueil, d'envie, de cupidité, de fausseté et de malice qui gisent dans son âme et qui sont sans cesse près de germer et de fructifier. On ne comprenait pas que l'homme a constamment besoin d'être soumis à un frein qui, s'il n'est pas extérieur, doit être intérieur, qu'il ne peut s'affranchir du joug d'un maître sans se maîtriser lui-même, et que son émancipation, loin de le décharger de tout devoir, lui impose une responsabilité beaucoup plus étroite et oblige sa conscience à exercer sur ses actions une discipline plus sévère.

Il s'agissait de fonder une autorité qui ne consistât plus dans la volonté égoïste, arbitraire et oppressive de quelques individus, mais qui émanant de la nation fut pénétrée de son esprit, fut vouée à l'intérêt général et représentât ainsi, à l'état vivant et actif, la loi universelle, impartiale et équitable. Il s'agissait d'établir des pouvoirs en qui les citoyens retrouveraient leur pensée et leur volonté, mais transformées en des règles supérieures dans lesquelles ils reconnaîtraient un caractère impératif et obligatoire. Pour être libre, il fallait se contraindre soi-même, se soumettre, et en outre prêter son concours à l'autorité légale, garantie de la liberté de tous. Or cette aptitude morale qui dispose les hommes à obéir à une puissance qu'ils regardent comme leur œuvre, qu'ils font et défont périodiquement, n'est point spontanée, mais est le produit d'une longue étude, d'un sérieux apprentissage et d'une solide discipline. Les Français récemment émancipés n'avaient pu subitement l'acquérir. Dans le régime de liberté qui venait d'être proclamé, ils virent d'abord et surtout la suppression de tout obstacle entravant l'accomplissement de leurs vues, de leurs désirs et de leurs desseins personnels.

Cet esprit d'indiscipline se traduisit par de nombreux actes d'insubordination, par des troubles et des désordres qui, en paralysant l'action du gouvernement, lui portaient une grave atteinte morale, répandaient l'inquiétude et la méfiance et empêchaient l'ordre nouveau de se consolider. Des partis étaient nés et il n'en pouvait être autrement. Des hommes réunis dans une commune entreprise ne sauraient se former des conceptions identiques. La diversité de leur constitution, de leur éducation et de leur genre de vie se réfléchit nécessairement sur leurs idées et leurs projets. Cette variété étant inévitable, il faut qu'ils recourent à quelque procédé certain pour la ramener à l'unité, toutes les fois qu'il s'agit de passer de la discussion à l'action. Un seul moyen s'offre alors ; il consiste à compter les suffrages et à convertir en loi la décision de la majorité. Une fois cet arrêt prononcé, tout le monde doit s'y soumettre, jusqu'à ce qu'il soit réformé par la même voie qu'il a été édicté. Mais auparavent une liberté complète doit être laissée aux diverses opinions qui cherchent tant à se produire qu'à se propager. Sans cette latitude, toutes les faces des questions ne seraient pas envisagées, tous les éléments de conviction ne seraient pas présentés, beaucoup de votes seraient exposés à subir les effets de la prévention, de l'entrainement, de l'intrigue, de la séduction ; et la décision de la majorité n'ayant pas été précédée des épreuves qui sont nécessaires pour l'éclairer, ne serait pas réellement sincère, sérieuse et respectable. Ajoutons que la soumission qu'exige la loi émanant du vœu de la majorité ne va pas jusqu'à exclure toute espèce d'examen et de censure ; autrement toute réforme, tout amendement, tout progrès seraient impossibles ; les erreurs, les fautes, les fruits de l'ignorance se perpétueraient, et une majorité s'opiniâtrant dans ses idées et ses errements deviendrait incorrigible et ferait peser sur la minorité un joug insupportable.

Si le régime de liberté a pour destination de protéger tous les individus, à plus forte raison est-il tenu d'assurer le plein exercice de leurs droits aux groupes de citoyens qu'on appelle minorités. Non seulement les minorités sont respectables en elles-mêmes, mais elles jouent un rôle utile et nécessaire dans l'économie générale de la nation. Toute vérité nouvelle n'est à l'origine que l'apanage d'un petit nombre, ses zélateurs sont dédaignés et traités d'utopistes, et si au mépris se joint la compression, il y a tout lieu de craindre que le précieux dépôt qu'ils détiennent ne s'échappe de leurs mains et ne reste pendant longtemps perdu pour la société. La pensée, non sans doute de toutes les minorités, mais de certaines d'entre elles forme au sein de l'opinion publique un sel qui l'empêche de se corrompre, et un levain qui la fait fermenter et développe en elle les germes latents. La multitude et ceux qui la dirigent, avec les préjugés qui les dominent, ne sauraient distinguer parmi les minorités celles qui sont fécondes et bienfaisantes de celles qui sont stériles et malintentionnées. D'ailleurs celles-ci même ont le droit de subsister, tant qu'elles n'offensent pas la loi, laquelle ne doit atteindre que les actes qui mettent en péril l'ordre public ou causent aux particuliers un dommage considérable et universellement reconnu.

Dès le début de la révolution, des partis se formèrent en France. On vit des scissions s'introduire au sein de l'Assemblée constituante, non seulement entre les adversaires et les zélateurs de la réforme, mais encore parmi ces derniers. Mirabeau voulait aller plus loin que Mounier et était dépassé par Barnave, que précédaient Pétion et Buzot, taxés eux-mêmes de lenteur et de faiblesse par l'acrimonieux Robespierre. Au dehors de l'Assemblée, les divisions furent encore plus tranchées et les conflits plus véhéments. Les divers partis ayant abordé la vie politique avec une complète inexpérience des conditions pratiques et ayant accordé une foi entière à des théories mal ajustées à la réalité et aux nécessités actuelles, il était inévitable que des divergences profondes se fissent jour parmi eux, et que la confiance et l'ardeur qui les animaient, n'admettant pas de contradiction, les entraînassent à se méconnaître et à s'exclure absolument les uns les autres. Chacun d'eux sûr de posséder la vérité et de poursuivre le bien s'indignait naïvement contre toute opposition faite à ses idées et à ses desseins. Or comme sous le régime représentatif, parlementaire ou républicain, peu importe le nom, c'est toujours une opinion issue du sein de la société et émise ou soutenue par un parti, qui détermine les actes du gouvernement. il s'en suivit que l'Assemblée constituante ne put au milieu des prétentions, de l'intolérance et de l'impatience partout existantes, éviter d'essuyer de fréquentes et graves résistances, auxquelles elle ne sut répondre que par une molle et indécise répression.

Manque de discipline personnelle, insoumission envers l'autorité, intolérance mutuelle des partis, telles furent les conséquences fatales de l'inexpérience des Français jetés subitement dans les entraînements, dans les passions, dans les embarras, dans les perplexités d'une révolution, et n'ayant pour guide que des théories vagues, abstraites, incomplètes, indéfinies, récemment enfantées par des philosophes, qui s'étaient montrés moins soucieux de conformer leurs idées aux possibilités pratiques que de les disposer dans un bel ordre logique et de les ajuster à des fins préconçues. Déplorons amèrement les conjonctures fâcheuses qui entraînèrent et faussèrent dès le début notre grande réforme politique, mais en même temps gardons-nous de laisser notre prudence éclairée par de tristes mécomptes s'égarer à son tour et aboutir à un coupable pessimisme. Gardons-nous de méconnaître le bien, parce qu'il fut mélangé de mal, et de répudier les principes généraux de la révolution qui découlèrent des sources pures de l'équité, parce qu'ils furent altérés et troublés dans leur manifestation. Ainsi une eau saine et féconde, si elle rencontre des terrains mal disposés à la recevoir, au lieu de répandre sur son passage la vie et la prospérité, se précipite, ronge ses rives, déborde en roulant les ruines qu'elle a faites, promène au loin la dévastation, puis va croupir dans quelque bas-fonds, où elle devient un foyer d'infection.

En même temps que les partis se montraient peu disposés à se soumettre aux décisions du gouvernement qui contrariaient leurs vues ou leurs désirs, ils attendaient de lui des bienfaits démesurés. Comme on imputait à l'ancien ordre politique tous les vices et toutes les misères dont la société avait eu à gémir, on croyait de bonne foi que le gouvernement nouveau avait le pouvoir et était tenu de remédier à tous les maux et de faire le bonheur de tout le monde. On ne se bornait pas à exiger de lui qu'il garantît à tous les citoyens le libre usage et la pleine jouissance de leurs facultés et de leurs ressources personnelles, on voulait en outre qu'il substituât son action à celle des individus pour combler ceux-ci de biens de toute espèce. On n'avait pas encore appris ce que c'est qu'un état, et l'on se formait là-dessus des idées gigantesques et chimériques. On apercevait vaguement une vaste puissance, et l'imagination en exagérait facilement la grandeur. Comme on ne l'avait ni étudiée, ni mesurée, on en reculait facilement les limites, et l'on en augmentait indéfiniment la portée, au gré des désirs qui réclamaient d'elle des satisfactions. Ainsi l'Etat devait régénérer l'agriculture, vivifier les manufacultures, animer le commerce, faire fructifier les capitaux, développer la richesse acquise, prendre soin des indigents, assurer aux classes laborieuses le travail et le bien-être, protéger les sciences et les arts, corriger les mœurs, régler et contrôler les religions. On ne songeait pas à faire cette réflexion bien simple, que l'Etat n'a de puissance que celle que lui prêtent les citoyens, et que ses prétendus bienfaits sont amplement payés par ceux qui les reçoivent. Croire à la libéralité de l'Etat est une étrange déception. C'est se persuader qu'on s'enrichit, quand on fait passer une pièce d'argent de l'une de ses mains dans l'autre. Sans doute il y a des ressources latentes qui ne deviennent efficaces que lorsqu'elles sont réunies et organisées; mais est-il bien certain que si l'on remettait à l'Etat la direction de toutes les forces de la société, il en ferait le meilleur usage possible? Trouverait-on en lui toutes les aptitudes, tout le zèle et toute la probité qu'exigerait la tâche immense qui lui serait confiée? Ne se verrait-on pas dans la nécessité de faire appel non pas au droit divin, mais à un être réellement divin pour remplir une semblable mission? Et à défaut de cet être surnaturel, n'y aurait-il pas tout lieu de craindre que les personnages humains qui seraient investis de la toute-puissance n'en abusassent aussitôt pour faire peser sur leurs sujets la tyrannie la plus pénétrante, la plus intense, la plus insupportable, une tyrannie telle que l'histoire même, dans ses plus tristes pages, ne nous en offre pas d'exemple.

On le voit, le socialisme n'a pas attendu la révolution de 1848 pour se produire dans le monde. Il apparaissait déjà en 1789, sans avoir pris, il est vrai, conscience de lui-même et s'être nettement formulé. Ou, pour mieux dire, il s'est manifesté toutes les fois que le despotisme, sous prétexte de sauver la société ou de lui imprimer une direction supérieure, s'est approprié abusivement les forces collectives de la société, pour en user à son profit, et que la sottise ou la pusillanimité des individus a fait appel, a souscrit ou s'est résigné à ces usurpations. L'origine du socialisme remonte donc très-loin, et la liste de ses envahissements successifs serait d'une longueur démesurée. Combien de fois n'a-t-on pas vu les conservateurs et les réformistes invoquer, pour triompher de leurs adversaires, un pouvoir illimité qui commençait par les assujétir et les annuler ! Combien d'applications l'histoire n'offre-t-elle pas de la fable du cheval qui a voulu se venger du cerf !

> Quel que soit le plaisir que cause une vengeance,
> C'est l'acheter trop cher que l'acheter d'un bien,
> Sans qui les autres ne sont rien.

Et de nos jours, combien ne voyons-nous pas de socialistes sans le savoir ! Que de gens n'y a-t-il pas qui veulent que le gouvernement régisse les cultes, distribue l'enseignement, patrone les sciences et les arts, discipline la presse et les associations, administre les départements et les communes, dirige l'agriculture, garantisse les opérations du commerce et des manufactures, règle le crédit, fixe le taux essentiellement mobile de l'intérêt des prêts d'argent, détermine les salaires et interdise tant aux ouvriers qu'aux maîtres de discuter de concert ce genre de questions, enfin dispense les individus de pourvoir par eux-mêmes à une multitude de besoins personnels !

Dès le début de la révolution, le socialisme, qui consiste dans une confiance et des exigences abusives envers le pouvoir, vint se joindre à l'esprit d'indiscipline, à l'intolérance mutuelle des partis et à l'insubordination envers l'autorité pour troubler et entraver la réforme politique. Les partisans de l'ordre nouveau se divisant, se combattant et frappant d'impuissance le gouvernement investi de leur mandat, leurs ennemis communs, les anciens privilégiés, revenus de leur premier effroi, rentrèrent en lice, nouèrent des intrigues souterraines, avivèrent les querelles, envenimèrent les griefs, s'appliquèrent à propager le trouble et la confusion, et, faute énorme, ne reculèrent pas devant la pensée d'appeler l'étranger à leur secours et de lui frayer un chemin au cœur de leur patrie.

Cette forfaiture acheva de démoraliser les esprits. Les magnifiques espérances qu'on s'était faites et qui avaient péri non moins par le malheur des temps que par leur propre impossibilité, laissaient derrière elles de cuisantes déceptions. Après s'être promis des satisfactions chimériques, on se mettait à détester les auteurs supposés des revers qu'on subissait. L'exaltation, qui était le ton général de l'époque, passait de l'espoir dans la haine. Chaque parti imputait à ses adversaires les plus méchants desseins, et cherchait à leur renvoyer les craintes qu'il éprouvait. La peur tourne promptement en cruauté. Les violences auxquelles elle se livre redoublent les colères qui la menacent. Les vengeances qu'elle exerce ne font qu'accroître ses propres angoisses.

Durant la période néfaste, qui tira son nom, la terreur, du sentiment douloureux et âcre dont toutes les âmes étaient remplies, ce fut parmi les diverses factions adverses la plus violente qui s'empara du pouvoir, et seule elle parvint à le retenir quelque temps dans ses mains. La plupart de ses membres étaient sincères, comme l'est toute passion violente. Peu nombreux, ils imposaient l'obéissance en inspirant l'effroi. Leurs ennemis étaient glacés et anéantis par l'épouvante. Enivrés de leurs utopies radicales et de leurs haines sanguinaires, ils méprisaient les formes légales et n'avaient pour boussole que leur sombre enthousiasme. Leurs centres de ralliement, les ateliers de leur pensée et leurs foyers d'action étaient des sociétés, des confréries populaires, où quelques énergumènes venaient quotidiennement développer les idées, définir les sentiments et proclamer les intentions de la multitude. De ces confréries naquirent les comités et les tribunaux révolutionnaires, qui composèrent l'administration et la justice de l'époque; et dans la société mère, qui siégeait dans la capitale, se forgèrent des décrets politiques que promulgua la Convention.

Le règne de la terreur ne fut point le produit de la démocratie. Il fut exercé par une oligarchie démagogique, qui tout en ahborrant l'ancien régime et en rêvant un idéal de paix, de fraternité et de douce harmonie, renouvela passagèrement les excès les plus violents et les plus odieux, par lesquels s'étaient signalés le fanatisme et la tyrannie des siècles passés. Heureusement la fureur est un état extrême qui ne peut longtemps durer. C'est un feu qui se consume lui-même. Dans les derniers accès d'une colère éperdue, les Jacobins en vinrent à se frapper les uns les autres et se chargèrent eux-mêmes du soin de venger leurs victimes. Ils périrent et la France respira; mais avec eux ne s'éteignit pas le double esprit qui les avait animés, le fanatisme révolutionnaire, qui avait exalté les uns, et l'ambition démagogique, qui avait rongé les autres. Ces deux vices résorbés par la société française s'y sont perpétués d'une façon latente, s'y sont nourris d'éléments impurs, et apparaissent périodiquement à sa surface pendant les crises inflammmatoires.

Le fanatisme révolutionnaire se fait une idole du peuple. Il le répute infaillible et impeccable. Il ne supporte pas de le voir contrarié. Tous les mécontentements de celui-ci sont bien fondés, toutes ses colères sont saintes, toutes ses insurrections sont respectables. Les pouvoirs constitués qui veulent soumettre au frein de la loi ses exigences, ses caprices, ses écarts, sont bien vite accusés du crime d'oppression. Quiconque s'élève contre l'autorité légale a pour lui un préjugé favorable et est présumé bon patriote. Le gouvernement, à moins que par impossible il ne se compose des démocrates les plus ombrageux et les plus farouches, est traité en ennemi, et c'est faire acte de civisme que de le censurer et de l'attaquer. Quant aux classes riches et éclairées, comme elles possèdent des avantages qui dénoncent l'infériorité et excitent l'envie du grand nombre, elles sont vues de mauvais œil, elles sont jugées orgueilleuses, rapaces, inhumaines, elles sont constamment tenues en suspicion. Le fanatisme révolutionnaire, qui est habituellement occupé à soufler l'anarchie, et qui la verrait se dresser contre lui, dès qu'il serait parvenu à conquérir le pouvoir, est amené par la réflexion à la redouter extrêmement et à préparer contre elle des armes irrésistibles. Quand il songe aux moyens d'assurer son triomphe, il n'aperçoit de chances de salut que dans une dictature absolue. Et en effet, ayant inoculé à ses adeptes un esprit de rébellion incorrigible, il ne lui est possible de maintenir sa domination que par la contrainte. Depuis sa naissance il n'a pas cessé de promettre aux populations, particulièrement aux classes les plus disgraciées, de faire leur bonheur; mais dans le commencement ses promesses étaient vagues et venaient échouer contre les principes fondamentaux de la propriété et de la famille, pour lesquels il professait un naïf respect. L'expérience l'ayant éclairé, il reconnut que l'envie et la haine, seuls sentiments qu'il avait réussi à entretenir, étaient des mobiles insuffisants pour entraîner les masses ; en conséquence, il fit appel à la cupidité, et offrit en perspective aux classes pauvres les jouissances qui sont l'objet de leur perpétuelle convoitise. Des systèmes de communisme social ayant été mis en avant par de simples théoriciens, il s'en empara, les accommoda à ses desseins, les remplit de ses passions, et leur donna pour véhicule ses impulsions violentes. Dans le socialisme il trouva à la fois un aliment, une destination et un soutient puissant.

L'ambitieux démagogue n'a pas l'ardeur ni la sincérité du fanatique, mais il contrefait ces qualités et les exploite dans l'intérêt de ses desseins égoïstes. Convoitant quelque poste élevé et lucratif et ne trouvant pas dans l'ordre établi de place, qui lui étant assortie soit à la hauteur de ses visées présomptueuses, il combat avec acharnement un système qui exclut ses prétentions, et il se tourne vers les classes et les partis dont le mécontentement menace de se convertir en agression violente, et dont l'infériorité intellectuelle semble réclamer des organes et des chefs. Il témoigne les plus vives sympathies pour les petits et les faibles, parmi lesquels il espère commander. La grossièreté et l'ignorance, loin de le rebuter, sont recherchées, caressées et vantées par lui : ne sont-ce pas les mines d'où il compte extraire ses futurs trésors ? Dans ce siècle les révolutions démocratiques ne se font pas très-longtemps attendre ; sitôt que le succès est acquis, l'ambitieux démagogue accourt à la curée, et s'il peut emporter une bonne part, il se tient pour satisfait, et tient l'ordre nouveau pour excellent. En effet il en juge par son propre critérium, qui est le pur égoïsme. D'anarchiste devenu conservateur, il n'éprouve aucune peine à expliquer sa conduite ; ne considère-t-il pas le raisonnement comme apte et comme destiné à prendre toutes les formes que l'intérêt personnel a besoin de lui donner ? Mais que l'ambitieux soit trompé dans ses désirs, éventualité qui se réalisera le plus souvent, il se rejettera incontinent du côté des mécontents, et si par hasard il n'en existait pas, il saurait en faire naître. Quelque avancé en démocratie que soit un régime établi, le démagogue déçu dans son ambition parvient toujours à découvrir dans quelque partie du peuple des germes d'irritation, de haine, d'envie, de cupidité, qu'il échauffe et féconde à l'aide de discours provoquants, de récriminations aisément écoutées et de promesses avidement recueillies. Tout ce qu'avait réclamé le démagogue est-il obtenu, son imagination fertile se remet à l'œuvre et enfante de nouvelles exigences, uniquement pour avoir des griefs à alléguer, des mécontentements à fomenter et un parti extrême à diriger. S'il demeure exclu des régions officielles, il se dédommage en exerçant un empire d'opinion sur des petits et des simples dont il courtise les passions, et en se faisant le détracteur et le sycophante infatigable des hommes qu'il ne peut déposséder.

Les défauts et les vices qui viennent d'être exposés se développèrent successivement avec les diverses phases de la révolution. Sans doute ils eurent pour cause première la corruptibilité de la nature humaine; toutefois, bien qu'ils soient possibles dans tous les temps, ils ne se fussent pas, au moment de notre grande réforme, produits avec autant d'intensité, s'ils eussent trouvé un obstacle et un frein dans une bonne éducation politique; malheureusement, ce secours indispensable manquait à nos pères. Ils furent livrés subitement aux épreuves les plus graves sans y avoir été aucunement préparés. Tout autre peuple également novice, eût-il été d'ailleurs du plus pur sang germanique, n'eût pas mieux résisté aux illusions, aux entraînements et aux passions. La fatalité a voulu qu'à l'issue du moyen-âge, la France, arrivée à un carrefour et placée en face de plusieurs voies, entrât par mégarde dans celle de l'absolutisme. Parvenue à un point de sa route où elle dut reconnaître qu'elle s'était égarée, et apercevant fort au loin le droit chemin dont elle s'était écartée, elle se lança à travers champs pour l'atteindre, et poussée par une ardeur ignorante et téméraire, se jeta dans toutes les fondrières, tous les marécages, tous les précipices qu'elle rencontra sur son passage.

Des théoriciens ont prétendu et l'on entend encore répéter tous les jours que les gouvernements libres, république ou monarchie représentative, ne conviennent qu'à des peuples vertueux. Nous désirerions très-vivement qu'on nous montrât un peuple vraiment vertueux, soit dans l'histoire, soit dans le temps présent. Nous nous sommes nous-mêmes appliqué avec le plus grand soin à rechercher ce beau phénomène, mais tous nos efforts sont restés infructueux. Partout, même sous les gouvernements les plus libres, nous avons eu le chagrin de rencontrer des vices. Comment en serait-il autrement, la nature humaine étant ce qu'elle est et retenant immuablement sa constitution primitive? Nos instincts d'orgueil, de cupidité, d'envie, de haine, de ruse, de sensualité, sont indestructibles. Les supprimer est au-dessus de notre pouvoir ; les modérer est tout ce qu'il nous est possible de faire, et c'est là tout ce qu'ont fait, dans l'ordre politique, les gouvernements libres qui ont le mieux réussi dans leur tâche. Sans doute la vertu est nécessaire pour contenir les instincts égoïstes ; c'est elle qui suggère le devoir qui est leur frein et leur régulateur ; mais il serait absurde d'espérer qu'elle devînt, grâce à une organisation quelconque, le mobile permanent et l'objet de l'amour de tous les hommes. Le grand nombre obéira aux règles dictées par la vertu, quand il aura reconnu qu'elles protégent et garantissent ses intérêts personnels. Voilà la considération sur laquelle on peut raisonnablement se fonder, pour établir des préceptes moraux et des institutions légales qui soient sûrement respectés. L'intérêt personnel bien entendu et venant de lui-même se soumettre à un ordre public qui lui sert de garant, telle est la base sur laquelle il convient généralement d'asseoir les règles et les lois qu'il s'agit d'imposer aux hommes. Cette maxime ne sera nullement démentie, mais pleinement confirmée par l'examen auquel les nations anglaise, suisse, batave, américaine invitent sans cesse à faire sur elles-mêmes quiconque veut s'enquérir de l'économie et du mécanisme des gouvernements libres.

Ce ne fut pas précisément la vertu qui manqua aux Français dans les crises révolutionnaires ; ils montrèrent plus d'enthousiasme et de dévouement que n'en requiert un gouvernement en temps normal. Ce qui leur fit défaut, ce fut la saine intelligence de leurs intérêts, ce fut l'art de se discipliner eux-mêmes, et de se concilier en se contenant les uns les autres ; ce fut la mesure dans les espérances et dans les prétentions, dans la confiance à accorder au gouvernement, dans la foi à son omnipotence et aussi dans l'opposition qu'il était permis de lui faire ; ce fut la tolérance des opinions adverses ; ce fut la patience jointe à la fermeté dans les revers ; ce fut cette volonté calme qui au milieu des traverses et des hostilités ne se laisse jamais détourner de son but, pas plus par l'irritation qui tend à l'emporter au-delà que par le découragement qui pousse aux mouvements rétrogrades. Or toutes ces qualités sont le fruit de l'expérience et de l'éducation. Le naturel des Français ne les repousse pas plus que celui des anciens Romains, des Suisses, des Bataves, des Anglais, des Américains ; et ils auraient pu certainement les acquérir, s'ils avaient été soumis à des influences et placés dans des circonstances plus favorables.

Le gouvernement qui succéda à l'oligarchie jacobine rencontra des difficultés énormes, des amas de ruines, au sein desquels s'agitaient d'âcres passions, qui pour avoir perdu leur effervescence et leurs illusions primitives n'en demeuraient pas moins implacables. Les défaites de Prairial et de Vendémiaire n'avaient pas abattu les partis extrêmes, qui ne cessaient d'ourdir leurs complots dans l'ombre et d'entretenir dans le pays une anxiété profonde. Des armées immenses, toujours sur pied, ne tiraient qu'une maigre subsistance du trésor public, dont cependant elles dévoraient presque toutes les ressources disponibles. Un faux système économique, emprunté aux physiocrates, qui n'attribuaient de valeur effective qu'aux produits du sol, avait réduit les revenus ordinaires du fisc aux contributions directes. Quant aux recettes extraordinaires que l'on avait attendues de la vente des biens nationaux, elles avaient suivi le sort des signes représentatifs au moyen desquels on avait voulu les escompter. Ces signes n'auraient pu conserver leur valeur que s'ils étaient constamment restés en équation avec la quantité actuellement échangeable des biens immobiliers à la négociation desquels ils devaient servir. Mais ce rapport n'ayant pas été observé, et les émissions de papier ayant été prodiguées avec une folle imprévoyance, la monnaie fiduciaire mise en circulation par l'Etat s'était complétement dépréciée, le crédit public avait été anéanti, et le crédit privé avait été enveloppé dans la même catastrophe. Tandis que se déroulaient les conséquences inévitables de ce désastre, perturbation du commerce, désorganisation des manufactures, interruption du travail, appauvrissement des citoyens et de l'Etat, l'anarchie qui régnait dans les esprits entravait l'administration, énervait la justice et dissolvait la police. Le Directoire, héritier d'une situation détestable, et ne trouvant sur sa route qu'obstacles, inimitiés, trahisons et périls, lutta non sans courage et sans succès contre tant de maux réunis. Sans doute sa conduite fut loin d'être irréprochable, et des fautes graves restent à sa charge, notamment le coup d'Etat du 18 Fructidor. Sans doute parmi les hommes entre qui se partagea le pouvoir, il y en eut qui se montrèrent déloyaux et vicieux; cette époque nous a transmis un nom demeuré comme symbole de corruption, celui de Barras, le grand prévaricateur, le cynique raffiné, l'amant et le protecteur des hautes courtisanes, le patron et l'éducateur des roués audacieux. Mais c'est très-injustement qu'on a voulu personnifier le Directoire dans l'indigne Barras. La plupart des hommes qui composèrent ou assistèrent ce gouvernement furent de vrais amis de leur patrie. L'âme généreuse de Mme de Staël habitait parmi eux. Ils voulurent sincèrement et poursuivirent loyalement le triomphe des principes purs de la révolution. Ils avaient liquidé les finances publiques, rétabli quelque ordre dans le pays, maintenu l'honneur des armes et les conquêtes de la nation, guéri beaucoup de souffrances et ouvert pour l'avenir la voie du bien, quand une conspiration militaire venant les frapper arrêta, confisqua et dénatura leur ouvrage. Le Directoire, qui pendant toute sa durée fut en butte aux assauts d'ambitions effrenées et qui succomba sous la plus audacieuse de ces attaques, eut, aux yeux d'une nation amoureuse de la gloire vraie ou fausse, le tort grave d'avoir été malheureux. Il échoua, donc il fut malhabile et coupable. Pour être honoré, il eût dû être fort. On a dédaigné ses bonnes intentions, on n'y a même pas cru ; et pour justifier le mépris qu'inspirait son infortune, on a dû lui supposer des vices. Puis des gens intéressés à le diffamer, s'étant chargés du soin d'écrire son histoire, on comprend que sa réputation ait dû subir de graves altérations dans le trajet qu'elle a fait jusqu'à nous.

Un remarquable phénomène se manifesta après la chute du Directoire. Des hommes qui s'étaient montrés insatiables de liberté et n'avaient pu se soumettre à l'autorité de la loi, acceptèrent de bon gré le despotisme triomphant. A la manie de l'indiscipline succéda l'empressement vers la servitude. Au milieu de l'affaissement général on ne vit surgir que de rares protestations, qui furent bientôt étouffées. La vanité nationale a cherché plus tard à expliquer et à justifier cet abaissement des esprits. On a prétendu que le premier besoin de la France étant alors le rétablissement de l'ordre, elle avait pu à bon droit se réjouir, quand elle eut obtenu satisfaction sur ce point capital. Cet argument serait décisif, si l'ordre consistait dans l'assujétissement des intelligences et des volontés. Mais cette situation n'est pas plus un état normal que ne l'est l'anarchie. L'ordre véritable résulte du jeu libre et harmonieux des tendances et des facultés humaines. La compression, loin de l'engendrer, l'anéantit. Elle produit l'immobilité ou des mouvements machinaux et paralyse la vie morale. Substituant une impulsion mécanique à la spontanéité personnelle, elle enlève aux âmes la possibilité de même que le droit de se gouverner elles-mêmes, elle y favorise l'introduction de l'anarchie ; et tôt ou tard les instincts et les passions qu'elle refoule sans les régler, venant à rompre leurs digues, font explosion avec d autant plus de force qu'ils ont été plus rigoureusement contraints. La violence des insurrections a toujours été en rapport avec l'intensité du despotisme qui les a provoquées.

Durant la phase impériale le règne des intérêts remplaça celui des passions. Les ruines faites par la révolution fournissaient d'abondants matériaux à des constructions nouvelles. Les acquéreurs de biens nationaux s'appliquaient à consolider et à exploiter leurs récentes possessions. Les industriels se hâtaient de cueillir les opulentes prémices des manufactures restaurées. Les spéculateurs poursuivaient avec ardeur les bénéfices promis aux entreprises naissantes. Les ambitieux, n'ayant plus rien à tirer du peuple qui avait abdiqué ses droits, se mettaient à courtiser le maître qui en avait hérité. Leur convoitise était alléchée par les riches appâts offerts par la main souveraine, qui distribuait en menues parts sa toute puissance parmi les instruments qu'elle employait. L'autocratie voulait se rehausser en se donnant pour base une aristocratie de fonctionnaires qui reproduisît et fît oublier l'ancienne hiérarchie des privilégiés. Les titres nobiliaires, les majorats, les fiefs, les dotations, les dignités, les honneurs, les rangs, les distinctions, le faste, l'étiquette, en un mot tout l'appareil déployé par l'antique monarchie, était ressuscité aux applaudissements d'une multitude de vanités, les unes refleurissantes et ravies de retrouver leurs jouissances perdues, les autres fraîchement écloses et charmées de goûter des biens qu'elles avaient amèrement dénigrés, tant qu'elles n'avaient pu que les envier. La réaction était complète, les traditions de l'Assemblée constituante étaient conspuées et foulées aux pieds, l'ancien régime était réhabilité et peu à peu réédifié ; chaque année voyait de notables progrès s'accomplir en ce sens. L'histoire sera scandalisée d'avoir, en retraçant les commencements de notre siècle, à montrer tant de promoteurs et de partisans de la révolution transformés subitement en aristocrates de cour et en serviteurs du despotisme. Mais il s'est trouvé pour ces apostasies et ces travestissements des apologistes, qui ont prétendu qu'une aristocratie n'était en rien contraire à la démocratie quand elle se recrutait au sein du peuple, et que le despotisme doit être réputé libéral tant qu'il est populaire. Enfin une nation a-t-elle quelque chose à désirer, lorsqu'entraînée par son maître dans toutes les contrées de l'Europe, elle terrasse les peuples, se couronne de victoires, lève de riches tributs, et se glorifie des humiliations, des haines et des dévastations semées sous ses pas ? Quoi de plus beau que de dominer ses semblables ! Il est vrai que les dominateurs portaient un collier, mais en s'identifiant par la pensée à la personne de leur maître, ils partageaient toutes les joies de son orgueil constamment enivré.

Les hommes acceptent volontiers les plus étranges sophismes, quand leurs inclinations les y convient. Les apologies du despotisme ne sont pas seulement goûtées par les serviteurs gagés, mais encore par les simples sujets qui aiment à se dissimuler à eux-mêmes leur abaissement, et dont l'amour-propre accueille avidement toute interprétation, si détournée qu'elle soit, qui peut favoriser ses illusions. Après s'être trompé soi-même, on s'attache à ses erreurs, souvent même plus étroitement qu'à des idées saines et profitables. Nous avons eu à contempler et à déplorer ces aberrations de l'esprit humain.

Dans un temps où toute la pensée et toute la volonté publiques étaient concentrées dans un seul cerveau, où les fonctionnaires de l'Etat étaient les serviteurs d'un maître, où la vanité et l'intérêt étaient les mobiles dominants des particuliers, et où les Français se dédommageaient de la perte de leur liberté par la gloire d'opprimer les peuples étrangers, l'éducation politique de notre pays ne pouvait évidemment faire aucun progrès. Loin d'avancer elle rétrograda, et quand les excès du régime impérial en eurent amené la ruine, la compression s'étant relâchée et quelques institutions libérales ayant été établies, on vit reparaître à côté d'un assez grand nombre d'hommes modérés, mais tièdes, apathiques et incertains, des partis en qui revivaient les passions de l'époque révolutionnaire. L'un voulant aveuglément reconstruire l'ancien régime, l'autre nourrissant une inimitié implacable contre la monarchie restaurée, ils s'accordaient entre eux pour n'admettre aucune transaction, pour repousser la médiation offerte par la Charte, et pour recourir aux moyens violents dans le dessein de venger leurs griefs et d'abattre leurs adversaires. Le parti absolutiste s'étant complétement emparé du pouvoir et ayant dénoncé clairement son intention de le tourner contre la loi, rejeta la masse des modérés dans le camp des radicaux, et le jour qu'il engagea le combat, il se trouva isolé en face de la France indignée. L'issue de la lutte ne pouvait être douteuse.

Le gouvernement qu'enfanta la victoire eut un rare et excellent mérite : il respecta constamment la loi et les libertés qu'elle garantissait. Notre histoire n'avait pas encore offert l'exemple d'une pareille retenue. Mais la loi était trop étroite; c'était la Charte, qui avait été improvisée au milieu de la crise de 1814. On se contenta de l'amender et de lui faire quelques additions, libérales sans doute, mais insuffisantes. Comme on avait combattu pour elle et qu'on l'avait sauvée par de sanglants sacrifices des mains de ses ennemis, on la considéra comme un vénérable trophée, on s'y attacha comme à une ancre de salut, on lui attribua une vertu singulière, et on se persuada qu'elle satisferait à tous les besoins moyennant quelques rectifications, qui consistèrent dans l'abolition de l'hérédité de la pairie, l'abaissement du sens électoral au taux de 200 francs de contributions, l'introduction du principe électif dans les conseils départementaux et communaux, l'attribution exclusive des délits politiques aux jurés, l'abrogation du célèbre article 14 qui donnait ouverture aux usurpations royales, la concession de la liberté de l'enseignement qui réclamée seulement par une faible minorité fut indûment ajournée, et l'établissement d'une vraie liberté de la presse, qui fut réellement acquise, nonobstant quelques restrictions plutôt illogiques que sérieusement embarassantes. D'ailleurs les passions anarchiques, toujours subsistantes au sein de la France, la haine de l'autorité, la manie insurrectionnelle, le radicalisme impatient et absolu, ayant fait entendre leurs menaces et répandu l'épouvante, le gouvernement et ses amis s'empressèrent d'opposer à des agressions imminentes le rempart de la Charte, qu'ils trouvaient tout construit et armé. S'étant abrités derrière ce retranchement, ils crurent n'obtenir de sûreté qu'en conservant leur position intacte et en la défendant avec obstination. Ils n'observaient pas qu'en s'y réfugiant ils s'y enfermaient, et qu'ils abandonnaient un vaste champ aux entreprises de leurs adversaires.

La centralisation administrative avait été maintenue dans sa plénitude. Création de l'autocratie et instrument du despotisme, elle devait nécessairement agir conforformément à son origine et à sa destination. Elle devait comprimer les corps électoraux et les assemblées délibérantes. Elle devait corrompre le libéralisme des classes élevées, en y propageant l'esprit fonctionnaire avec sa morgue, ses préjugés de caste, sa nullité politique, son dédain du public, son humilité envers le pouvoir régnant, quel qu'il soit et quoi qu'il fasse. Par son intrusion dans toutes les affaires qui semblaient concerner l'intérêt général elle devait entraver l'initiative individuelle et traverser les tentatives d'association et d'entreprise collective. Elle devait substituer son action à celle des citoyens dans une multitude de travaux et d'opérations qui exigent de ceux qui les exécutent la volonté et l'art de s'organiser, de se diriger et de se discipliner par un libre concert. Et cependant la centralisation, toute pernicieuse qu'elle fût, n'était pas impopulaire. Non seulement la foule ignorante et imprévoyante, mais même beaucoup de personnages renommés pour leur perspicacité et leurs lumières considéraient la centralisation comme le fondement de l'ordre, le symbole de l'unité de la patrie, le moteur et la règle de l'activité publique, le principe et le soutien de la force nationale. Sur ce point la prévention et l'aveuglement étaient presque universels. Tandis que les gens tranquilles, toujours fascinés par la puissance, et satisfaits d'ailleurs d'être dispensés d'avoir à agir et à se défendre par eux-mêmes, adhéraient passivement à la centralisation, les hommes de parti l'acceptaient avec réflexion, qu'ils fussent contraires ou unis au pouvoir. Si étant dans les rangs de l'opposition ils avaient à subir le poids de ce mécanisme oppressif, ils comptaient bien s'en servir, quand la fortune leur deviendrait favorable, pour assurer leur domination.

Des électeurs partagés en deux catégories, les uns payant mille francs d'impôt et les autres trois cents, avaient nommé une Chambre qui s'était rendue populaire en défendant énergiquement la Charte et les libertés publiques. On crut qu'en supprimant la première de ces catégories et en abaissant pour la seconde le tarif censitaire de trois à deux cents francs, on formerait un corps électoral qui ne laisserait rien à désirer. On craignait d'introduire dans l'arène politique des classes ignorantes, passives ou emportées, faciles à entraîner ou à séduire, accessibles aux artifices des ambitieux non moins qu'aux excitations des fanatiques et des sycophantes. On pensait que, si l'on conférait le droit de suffrage aux hommes dont la position sociale était un gage de lumières, d'indépendance et de modération, et dont la diversité de condition promettait aux divers intérêts et aux divers systèmes des organes et des soutiens, on formerait un corps électoral qui serait la vraie représentation de la France et satisferait à tous les besoins. On présumait que la cause des classes populaires ne manquerait pas de trouver des avocats dans cette élite qui était réputée les représenter sans mandat formel, et qu'elles attendraient avec patience le moment où, assez instruites par le spectacle prolongé des débats parlementaires et par les leçons qui allaient leur être directement adressées, elles pourraient sans inconvénient être agrégées au corps électoral.

Sans doute il existait des raisons graves pour réserver alors le droit de suffrage à la bourgeoisie, mais du moins il fallait la convoquer tout entière dans les comices électoraux. Il ne fallait pas la scinder en deux fractions dont la plus grande était exclue. On repoussait ainsi des alliés naturels qui, s'ils ne se convertissaient pas tous en ennemis, devenaient au moins des indifférents. On suscitait contre soi des inimitiés purement gratuites, et l'on se privait volontairement d'un appui indispensable. Même, et l'on pourrait dire, surtout au point de vue conservateur, cette restriction était déraisonnable. Etait-ce en resserrant sa base que l'on pouvait consolider sa position? Et allait-on se fortifier en répudiant des auxiliaires qui devaient en grand nombre se jeter dans les rangs adverses!

Puis ce corps électoral, rétréci, mutilé, était placé sous l'action compressive et dissolvante de la centralisation, qui tenait suspendues trop d'amorces et de menaces, qui disposait d'un trop grand nombre de places, de faveurs et de moyens de nuire, pour ne pas faire souvent prédominer les intérêts personnels sur les pensées et les résolutions civiques. La haute bourgeoisie avait hérité à son insu et était imbue de cette maxime de l'ancien régime que rien n'est plus beau que le service du roi. Aussi beaucoup de ses membres allaient spontanément au-devant de la sujétion. Ils croyaient y trouver l'honneur en même temps que le profit, et ils troquaient sans grand scrupule leurs droits et leurs votes contre les bonnes grâces du pouvoir. Ce n'est pas en se comportant ainsi qu'ils pouvaient imprimer du respect et s'offrir en exemple aux classes populaires.

Cette facilité de séduction inspira au gouvernement une sécurité trompeuse. Consultant l'esprit public près des électeurs privilégiés, il n'en obtint pas toujours de justes réponses. De leur côté les constitutionnels mécontents, qui rencontraient des obstacles factices et permanents au succès de leurs réclamations, conçurent une irritation qui s'accroissant avec des échecs réitérés finit par dépasser l'exacte mesure et par tomber dans l'excès. A l'exagération de l'offensive le gouvernement répondit par l'exagération de la défensive. S'étant établi à l'origine sur le terrain de la Charte, et ayant eu à réprimer des tentatives insurrectionnelles, il s'attacha à un système d'étroite conservation, qui bon dans le principe avait, en survivant aux circonstances qui en avaient motivé l'emploi, perdu son opportunité, sa raison d'être, et avait dégénéré en entêtement. Le gouvernement se méprenait sur la nature et les conséquences de l'état des esprits. Où il voyait la tranquillité, régnait une apathie qui devait le trahir. S'il était actuellement délivré des contradictions et des résistances qu'engendre la spontanéité vivace et résolue des grands partis politiques, en revanche il était exposé à ne pas trouver autour de lui au moment d'une crise des volontés hardies et décidées à défendre énergiquement sa cause. L'administration seule était organisée, active et vigilante. Or sous un régime libéral, c'est là un support tout-à-fait insuffisant.

Les conseils départementaux et communaux, comprimés par l'autorité préfectorale, manquaient de ressort, de vitalité et d'initiative. Les organes de la justice ne formaient pas un ordre indépendant, ainsi que le veut la nature de leur institution ; ils étaient considérés comme des fonctionnaires relevant du pouvoir exécutif et distribués sur les degrés d'une hiérarchie, qui établissant entre eux une excessive inégalité déprimait abusivement les situations inférieures et suscitait dans tous les rangs une ambition incompatible avec la dignité du magistrat. L'Université était frustrée de l'autonomie qui doit lui appartenir. Elle était gouvernée dans l'ensemble par une oligarchie d'hommes éminents, mais isolés de leur corporation, distraits par les soins de la politique, peu soucieux du progrès pédagogique et trop souvent animés de vues personnelles. Pour le détail elle était régie par des commis qui se comportaient ainsi que le peuvent faire des gens de leur condition. Quant au clergé, personne ne comprenait quel doit être son rôle au sein de la société. Suivant les uns, l'Etat devait se faire le ministre de ses volontés; suivant les autres, il devait se le subordonner et le discipliner. On ignorait que le clergé ne doit ni recevoir d'ordres du gouvernement ni lui en donner, mais qu'il doit exister à titre de libre association et sous l'empire du droit commun.

Mais comment eut-on pu reconnaitre les franchises légitimes des communions religieuses, quand le principe même du droit d'association était nié résolûment? Des sociétés politiques s'étaient formées dans le dessein de renverser le gouvernement, et plusieurs fois elles avaient passé de la délibération à l'action. Les conservateurs, frappés d'épouvante à la vue de ces entreprises séditieuses, conclurent de ces fâcheux exemples que toute association portait en germe la rébellion et était incompatible avec l'ordre public. Il fallait donc en prononcer l'interdiction absolue. C'était agir à la façon d'un médecin ignorant, qui, mis en présence d'un membre malade, ne voit d'autre remède que l'ablation.

Il n'existe pas en nous une seule faculté, une seule tendance, dont nous ne soyons portés à abuser. Nos vertus même, mal conduites, sont exposées à s'égarer et à faillir. Il n'est pas un organe dont l'usage soit plus indispensable que celui de la nutrition, et trop souvent nous en faisons un instrument d'intempérance. Le soin de la conservation de notre personne et de notre espèce nous invite à nous livrer à nos instincts d'acquisition, de lutte, d'évasion, d'élévation, d'affection, de reproduction, et en suivant ces impulsions diverses nous risquons de devenir cupides, méchants, fourbes, orgueilleux, partiaux, libertins. Parce que nos inclinations peuvent dégénérer et se pervertir, faut-il que nous les étouffions en nous ? Faut-il que nous commettions sur nous-mêmes un véritable suicide ? Or le fait de l'association non seulement répond à un besoin impérieux de notre nature, il est en outre une des conditions les plus nécessaires de notre développement. Par l'effet du groupement et de l'organisation, la puissance déjà révélée des facultés individuelles s'accroît singulièrement ; de plus elles acquièrent des propriétés toutes nouvelles, et sont en mesure d'accomplir des entreprises qui autrement leur seraient interdites. Les associations constituent donc un mode d'activité éminemment utile, et à ce titre elles doivent être respectées. Mais elles échapperaient à la commune destinée qui embrasse tous les faits humains, si elles demeuraient impeccables. Elles sont l'œuvre de l'homme ; par conséquent elles sont sujettes à faillir, à se corrompre, à mal faire.

Sans aucun doute nul gouvernement ne peut tolérer des associations qui méconnaîtraient et braveraient son autorité, et qui par leur vaste étendue, leur forte organisation, leurs grandes ressources, leur esprit d'insubordination, leur caractère, soit mystérieux, soit violent, menaceraient son existence, ou l'ordre public, ou la sûreté de certaines classes de citoyens. Les droits du gouvernement sont ici déterminés par ses devoirs. Il est obligé de défendre l'Etat, lui-même et ses prérogatives, afin de pouvoir assurer aux citoyens la protection qu'il leur doit. Ainsi il est tenu de s'armer contre les dangers que renferme l'existence d'associations puissantes et mal intentionnées. C'est à une législation prévoyante, ferme, précise et mesurée de lui fournir des moyens efficaces de répression. La liberté de s'associer est compatible avec certaines conditions destinées à en prévenir les abus. Serait-ce imposer aux associations des gênes excessives que d'exiger d'elles qu'elles agissent toujours en pleine lumière, que leurs réunions fussent ouvertes aux agents de l'autorité, que tout ce qui s'y passerait fût relaté par des procès-verbaux, que les objets de leurs travaux fussent restreints à des spécialités déterminés, qu'elles s'abstinssent de s'affilier entre elles et que jamais elles ne franchissent les limités tracées par la Constitution? Moyennant ces garanties et telles autres du même genre que la prudence suggérerait, il nous semble que le double intérêt au fond identique de la liberté et de l'ordre public serait suffisamment préservé. D'ailleurs les précautions à prendre varieraient suivant les temps, et seraient mesurées sur la gravité des dangers possibles et le degré d'éducation politique des populations. En tout cas le pire remède à opposer aux vices des associations serait sans contredit leur anéantissement.

Que serait une nation dont les membres ne pourraient ni se réunir, ni se concerter, pour émettre leurs idées, les débattre, les propager, pour s'étudier les uns les autres, se discipliner, s'encourager, se secourir, pour prier, pour travailler à l'amélioration à leur sort, pour se divertir, pour surveiller leurs intérêts publics, sans que l'administration n'ait préalablement autorisé et réglementé ces divers modes d'association? Un peuple qui serait ainsi demeuré en tutelle, aurait tous les défauts propres à l'enfance. Tour à tour on le verrait dissipé et contraint, étourdi et routinier, emporté et timide, suivant qu'il serait abandonné à lui-même ou ramené sous la main du maître. Il obéirait machinalement aux impulsions qui lui seraient données, à moins que s'impatientant il ne se livrât à quelque saillie véhémente. Le peuple dont les éléments ne seraient pas groupés, dont les parties constituantes ne seraient pas définies, qui manquerait d'organisation intime et substantielle, pourrait sembler au premier abord solidement ordonné par la puissance administrative qui pèserait sur lui; mais dans les cadres officiels où il serait contenu, il n'y aurait qu'un amas d'atômes pulvérulents. Que ces cadres vinssent à se briser ou à se disjoindre, aussitôt aurait lieu une dispersion confuse et tumultueuse. L'ordre véritable et essentiel n'est pas en dehors de la société, dans un appareil gouvernemental; il est à l'intérieur, et il consiste dans un système vital, qui embrassant toutes les molécules les distribue dans divers organes, dont le jeu à la fois libre et ajusté donne au corps la santé, l'énergie et la vigueur. Que sur une poussière d'atômes souffle le vent de la sédition, il aura bientôt soulevé d'impétueux tourbillons!

Quand le gouvernement de Juillet fut attaqué par une insurrection, qui avait pris pour devise la réforme, ses nombreux partisans, stupéfaits et déconcertés, ne surent lui porter aucun secours ; et quand ils l'eurent vu succomber, ils restèrent passifs et démoralisés, jusqu'à ce que l'appréhension de graves dangers personnels eut réveillé leur énergie, et que le gouvernement né de la révolution eut pris en main leur défense. Il s'agissait de lutter contre l'invasion soudaine du socialisme. Cette doctrine pleine de passions avait grandi dans l'ombre sous le dernier règne. Ce fut durant cette période qu'elle se formula, revêtit des formes décevantes et se propagea parmi des populations souffrantes et incrédules ; mais son origine remonte plus haut, elle date des premières années de la grande révolution, et à vrai dire son germe est né avec l'homme même et ses appétits matériels.

Dès 1789 il y eut des démocrates fanatiques, qui posèrent en principe l'égalité absolue des hommes. Les Jacobins professèrent ce dogme, pendant qu'ils furent les maîtres. Ils croyaient s'assurer par cette déclaration les sympathies et le dévouement des classes populaires. Mais comme en même temps ils prétendaient respecter les principes de la propriété et de la famille, il en résultait une contradiction insoluble entre leurs idées générales et leurs desseins positifs.

Les inégalités natives mises à part, on reconnaît à première vue que l'égalité absolue des individus est inconciliable avec le fait de la propriété personnelle et l'existence de la famille, qui implique la transmission héréditaire des biens et de l'éducation. Lors même que les Jacobins eussent été aussi paisibles et débonnaires qu'ils furent violents et cruels, les incompatibilités qui abondaient dans leur système en eut promptement déterminé la chute. Sous le Directoire, la conspiration communiste de Babœuf souleva une indignation universelle.

Pour que les doctrines socialistes pussent se produire dans le monde et se développer, sans risquer d'être étouffées dès le moment de leur apparition, il fallait qu'elles se présentassent sous la forme inoffensive de romans philosophiques et qu'elles eussent pour auteurs des solitaires, de purs théoriciens, séparés du monde, peu soucieux de la réalité et des possibilités, entièrement livrés aux ardeurs d'une spéculation effrénée, et considérés comme des rêveurs dont on rit et qu'on ne craint pas.

Les patriarches du socialisme, prenant pour point de départ l'obligation désormais évidente de régénérer l'humanité et de procurer à tous ses membres la plus grande somme possible de bien-être tant moral que physique, accusaient les politiques démocrates de n'avoir rien fait ni tenté de sérieux pour atteindre ce but suprême. Ceux-ci, se renfermant dans un rôle négatif, s'étaient contentés d'attaquer et de ruiner à demi l'ordre ancien, d'exciter des passions ennemies, de semer la haine, l'envie et le désordre, sans parvenir ni même songer à poser les bases d'une organisation nouvelle. A la phase négative et dissolvante devait succéder un régime organique et productif. Il fallait pénétrer jusqu'à la racine du mal, puis l'extirper sans scrupule. Toutes les misères, les erreurs, les mauvaises passions et les souffrances qui avaient affligé et affligeaient encore l'humanité avaient été engendrées par une cause unique, la propriété privée, que son objet fût une nation, ou des esclaves, ou des pièces de terre, ou des capitaux. L'avoir social, devenu le monopole de quelques privilégiés, avait été gaspillé par eux, et ses faibles produits avaient été livrés en pâture à leurs appétits désordonnés. L'immense majorité des hommes, sacrifiée à une minorité égoïste et inintelligente, avait tristement végété dans la pénurie, l'ignorance, l'abaissement et la grossièreté. Soit que la loi eut forgé ses chaînes, soit que ses besoins l'eussent mis dans la dépendance d'autrui, elle avait constamment porté le joug de la servitude. A tant de maux il n'y avait qu'un remède, l'abolition de la propriété privée, et la remise de tous les biens entre les mains de la société qui, étant rentrée dans la pleine possession de ses domaines, saurait l'exploiter avec l'intelligence supérieure qui lui appartient, et en distribuerait équitablement les fruits à tous les membres qui la composent.

Sous leur première forme, les théories socialistes ne parurent pas sérieuses et ne séduisirent que quelques cerveaux exaltés. Supprimant la famille, elles révoltaient un instinct impérieux et universel. L'une fondant une hiérarchie de capacités et rétablissant le régime des castes à la façon du mandarinat chinois, était en contradiction flagrante avec l'esprit du siècle. Telle autre s'en rapportant aux instincts de notre nature et prétendant, au moyen d'un certain ordre préétabli, faire aboutir leur libre expansion à une harmonie parfaite, préparait visiblement la plus complète des anarchies. Puis, ces théories répudiant l'emploi de la force et affectant de se placer tout-à-fait en dehors du terrain politique, comment était-il possible que leurs plans se réalisassent en présence d'un gouvernement constitué? L'inanité de pareils desseins était manifeste, et leur destin était d'échouer devant la réprobation ou la dérision ou l'indifférence publique.

Toutefois les théories socialistes contenaient des amorces, qui bien présentées étaient faites pour exciter vivement les appétits matériels et la passion de l'égalité. Les démocrates, en n'offrant aux classes populaires que des droits politiques et de vagues promesses d'assistance, n'avaient pu les émouvoir profondément. Les profits matériels, procurés par la grande révolution, étaient depuis longtemps acquis, et si bien passés dans l'usage commun qu'ils n'étaient plus observés. On était familiarisé avec les résultats de l'abolition des droits féodaux, de la suppression des priviléges industriels et de l'aliénation des biens nationaux, qui faite à vil prix et dans une proportion énorme avait créé un nombre immense de petits propriétaires. Il n'y avait plus d'avantages semblables à distribuer en face des fortunes nouvelles qu'avaient engendrées le commerce et les manufactures; et les démocrates, qui malheureusement spéculaient trop sur le sentiment d'envie des classes malaisées, n'avaient découvert aucun objet sensible qui pût exciter son appétit, jusqu'au moment où quelques fanatiques et quelques habiles reconnurent dans les théories socialistes une mine à exploiter.

Il s'agissait de dégager ces systèmes de ce qu'il y avait en eux de bizarre, de trop absurde, de trop contraire aux sentiments communs. Il s'agissait en outre de les armer d'une force irrésistible, en les investissant de la puissance politique. Les socialistes du second âge épargnèrent la famille, ne s'expliquèrent pas sur la question de l'héritage, firent profession de respecter la liberté individuelle, et instituant l'Etat tuteur de tous les citoyens, lui attribuèrent le droit et lui imposèrent le devoir de s'approprier moyennant indemnité toutes les choses susceptibles d'un usage commun, et de lever sur les propriétaires la somme d'impôts qui lui serait nécessaire, pour commanditer les simples travailleurs et délivrer des secours à quiconque en aurait besoin.

Le socialisme réduit à cette mesure fit de rapides progrès parmi des populations malaisées, ignorantes, crédules, promptes à se passionner et à éclater en actes de violence. Encouragées par le trouble et la confusion qui suivirent la révolution de 1848, et aiguillonnées par des fanatiques et par des ambitieux affranchis de tout scrupule, elles affluèrent dans des clubs où retentissaient les déclamations les plus irritantes, et sous le coup de l'exaspération elles se ruèrent dans la rue pour renverser le gouvernement républicain et avec lui l'ordre social. Cette attaque formidable ayant été repoussée, et l'empire des lois ayant été raffermi par une administration vigoureuse et loyale, les alarmes qui n'avaient plus de cause n'en subsistèrent pas moins et les intérêts conservateurs ne se tinrent pas pour rassurés. La réaction contre le désordre alla jusqu'à réclamer pour sauve-garde l'absolutisme, et la peur n'hésita pas à livrer la liberté à titre de rançon.

Mais de quelque faveur qu'ait été entouré à son origine un pouvoir absolu, réputé le sauveur de la société, il ne saurait, dans le siècle où nous sommes, conserver longtemps son omnipotence. Il faut que tôt ou tard il se transforme et rentre dans les conditions normales d'un gouvernement constitutionnel et sincèrement représentatif. La grande révolution a laissé dans le sein de notre nation des germes impérissables. L'exemple et le contact des peuples voisins, adonnés ou promus à la liberté, ont une vertu contagieuse, dont l'effet après un certain délai est irrésistible. Ces dispositions futures de la France sont nettement prédites par les témoignages récents de son histoire. Le cours des événements accomplis depuis trois quarts de siècle lui a fait contracter une sorte de tempérament fiévreux, dont les crises alternent d'une façon contradictoire et périodique. Ces péripéties consistent dans une série de réactions tantôt inflammatoires et tantôt somnolentes. Aux phases de surexcitation, d'effervescence et d'ébullition succèdent nécessairement l'affaissement, la prostration et la torpeur; et par réciprocité le refoulement prolongé des forces vives amène fatalement quelque éruption nouvelle. Un gouvernement doué de prévoyance ne saurait s'abuser sur le vrai caractère de cette docilité passive, qui se manifeste par intervalles; il ne saurait y voir un état normal et permanent. Toute disposition extrême lui présage une réaction plus ou moins prochaine, et la prudence lui ordonne de prévenir une explosion destructive, en ménageant au mouvement qui se prépare un cours progressif et régulier. Il lui suffit de consulter son propre intérêt pour reconnaître qu'il doit se dessaisir d'un absolutisme essentiellement temporaire, échanger le rôle de maître contre celui de mandataire, remettre la société en possession d'elle-même et lui faciliter la pleine jouissance de ses droits, en lui procurant, autant qu'il est possible, les moyens de poursuivre son éducation politique.

Pour nous, en France, nous avons depuis un siècle passé par trop de vissicitudes et subi trop d'épreuves, pour que nous n'en ayions pas recueilli quelque instruction. Nous avons dû apprendre à nous connaître, et la connaissance de soi-même est le commencement de la sagesse. Confessons hautement les défauts, les travers et les vices que les circonstances ont développés en nous, non seulement afin qu'ils nous soient pardonnés, mais surtout afin qu'en nous les représentant à nous-mêmes, nous tirions de ce tableau des leçons sérieuses et profitables.

Nous ne savons pas nous gouverner nous-mêmes, et lorsqu'après avoir vainement tenté cette entreprise, le dégoût et le découragement nous ont conduits à accepter une domination extérieure, il existe toujours au-dedans de nous, même aux moments d'affaissement extrême, une aversion secrète pour l'autorité et une disposition intime à la révolte. L'anarchie engendre le despotisme, qui à son tour provoque la rébellion, source d'anarchie. Nous ne pouvons sortir de ce cercle fatal qu'en apprenant à nous discipliner intérieurement, et en tirant de notre conscience des règles de conduite auxquelles nous nous soumettions comme à des lois de notre propre nature. Ces règles sorties de nous exerceraient sur nous un empire assuré, soit que nous les appliquassions nous-mêmes à nos propres actes, soit qu'elles nous fussent dictées par des bouches officielles.

Mais cette discipline à exercer sur nous-mêmes n'est réalisable que sous certaines conditions. Nous ne pouvons nous instruire à la pratiquer, si nous continuons à vouloir que l'Etat se charge de faire notre bonheur. Les conservateurs pusillanimes et les socialistes aux passions effrénées s'accordent à souhaiter que l'Etat soit investi d'une puissance illimitée, afin qu'il puisse suppléer à leur incapacité, les uns comptant qu'il emploiera son omnipotence à maintenir la société dans une immobilité absolue, et les autres qu'il la bouleversera de fond en comble. Puis entre ces partis extrêmes il existe un grand nombre d'hommes réputés sages, qui sous l'influence de la paresse ou de la routine monarchique se montrent beaucoup trop souvent mal disposés à agir ou à se protéger par eux-mêmes et empressés à se décharger de ce double soin sur le gouvernement. Enfin la hiérarchie administrative offre tant de positions commodes, lucratives et honorées, et lorsqu'on n'y est pas installé, il est si agréable d'y avoir crédit, qu'il n'est pas étonnant qu'elle trouve une multitude d'apologistes toujours prêts à la soutenir. Mais quelque forts que soient les préjugés en faveur de l'Etat, sachons nous en défendre, combattons-les énergiquement et efforçons-nous d'extirper les vices qu'ils ont enfantés. Un gouvernement en possession de l'omnipotence met la société en tutelle, l'empêche de se constituer, de s'organiser, de se discipliner et la maintient dans une enfance perpétuelle. Muni de tous les instruments du despotisme, il est conduit nécessairement à en user. Etant le but d'une foule d'espérances et étant assailli d'incessantes réclamations, il s'attachera principalement dans le siècle où nous sommes à complaire aux classes qui joignent à une ignorance profonde et à des appétits intempérants un caractère impétueux et une force redoutable, et ainsi pour conserver le sceptre il se fera le serviteur et l'instrument du socialisme.

Renonçons donc au dogme faux et périlleux de l'omnipotence de l'Etat, renfermons le pouvoir politique dans ses justes bornes, et réduisons-le au rôle négatif qui consiste à empêcher qu'aucune atteinte ne soit portée à la liberté tant des individus que des groupes organiques de la société. Il est temps de mettre fin à la trop longue usurpation qui a dépouillé les communes et les départements de la gestion de leurs intérêts locaux. N'est-il pas dérisoire de prétendre que cette tâche soit supérieure aux facultés des hommes formant l'élite des provinces, et requière les soins d'émissaires de la capitale, dont la plupart remplacent par la hauteur et la présomption l'expérience, l'assiduité et l'amour de la terre natale ? Soustraire aux citoyens le maniement de leurs affaires locales, n'est-ce pas leur ravir les moyens de s'instruire dans l'art de traiter les grandes matières de la politique ? C'est évidemment sur le terrain communal et départemental qu'ils ont à faire leur apprentissage de la vie publique. C'est là, c'est en s'occupant d'objets voisins, palpables, ouverts à tous les regards et à toutes les intelligences, qu'ils seront amenés peu à peu à se pénétrer des conditions, des difficultés et des nécessités inhérentes à toute action qui doit s'exercer en commun et aboutir à l'établissement d'une loi obligatoire pour toutes les volontés. C'est là qu'ils apprendront dans des exercices familiers à se discipliner, à se contenir et à s'affermir, à ajuster leurs espérances et leurs prétentions sur la mesure du possible, à n'attendre que de la persuasion l'adhésion d'autrui à leurs propres vues, à ne demander de réparation qu'aux épreuves légales, à patienter et persévérer à la suite des revers, à fonder leur droit personnel sur le droit de tous et à respecter dans l'autorité commune la sauvegarde de chacun.

De semblables moyens d'instruction seront offerts par les corporations et les associations libres. Une nation ne forme un corps sain, vigoureux et énergique, qu'autant que les éléments qui la composent sont groupés suivant leurs propres affinités, distribués en différents organes, et rendus aptes par leur concours incessant à remplir les fonctions variées dont l'ensemble constitue l'économie vitale. Aucune impulsion, aucune compression, aucun mécanisme extérieurs ne sauraient ni produire ni remplacer l'harmonie, la solidité et la fécondité qui résultent du jeu spontané des attractions naturelles. Des préventions, il est vrai, s'élèvent de divers côtés contre la formation de groupes existant par eux-mêmes et doués de consistance. Dans certains cas ils apporteraient, dit-on, des obstacles au gouvernement et lui causeraient de sérieux embarras. Parfois, sans doute, cette éventualité se réaliserait ; mais prétend-on que les gouvernements ne rencontrent jamais de résistance, que tout cède devant eux et que toute volonté à laquelle ils s'adressent se convertisse aussitôt en instrument passif ? Autant vouloir que les hommes se dépouillent de tous leurs attributs moraux, pour ne plus conserver que leur substance physique. Le développement des âmes suppose nécessairement la diversité et par conséquent l'opposition. Les gouvernements qui, suivant le droit et la nature des choses, ne sont pas les maîtres, mais simplement les serviteurs, les mandataires des sociétés, doivent non les modeler à leur fantaisie et suivant leur commodité, mais se conformer à leurs conditions normales d'existence et accepter tous les inconvénients qui y sont attachés. D'ailleurs quels sont leurs leviers, si ce n'est les forces vives des sociétés; et que seraient ces forces, si elles n'avaient leurs tendances propres, et si elles n'opposaient pas, du moins dans une certaine mesure, à la main qui les saisit, cette résistance qui dérive inévitablement de tout mouvement spontané.

Des griefs d'un autre genre seront invoqués contre les corporations et les associations. On les accusera de constituer des puissances exceptionnelles, des existences aristocratiques au milieu de la multitude des petites individualités éparses au sein d'une société démocratique. Nous demanderons à notre tour ce qu'on entend par aristocratie et démocratie. Veut-on sous le nom d'aristocratie abaisser tout ce qui s'élève, sacrifier à une détestable envie tout ce qui sur certains points accroit, enrichit et ennoblit les facultés humaines ? La démocratie serait-elle un inflexible niveau effaçant tous les développements, écrasant toutes les supériorités et ramenant toutes les existences au degré des plus infimes ? Que deviendrait une société ainsi décapitée, déshonorée, appauvrie, désorganisée, réduite à l'état atomistique, si ce n'est la vile proie du despotisme ?

Les associations et les corporations sont douées de la propriété attribuée à la lance d'Achille ; elles ont le pouvoir de guérir les maux dont elles sont la cause. On a justement reproché aux anciennes corporations leur esprit exclusif et rétrograde, dominateur et envahissant. Leurs vices étaient engendrés par leurs priviléges. Qu'en renaissant elles soient soumises au droit commun, la concurrence viendra aussitôt apporter un remède à tous les abus. Les groupes rivaux se contiendront réciproquement et ressentiront les heureux effets de l'émulation. Quant aux associations qui n'étant pas, comme les corporations, fermées, permanentes, propriétaires, et qui n'embrassant pas une part notable de la vie de leurs membres se forment instantanément, en vue d'un but spécial et actuel et sont susceptibles de se propager avec une grande rapidité, elles ont parfois entraîné la France dans d'extrêmes calamités. La société des Jacobins nous en est un terrible exemple. Mais quelle force opposer à des associations pernicieuses, si ce n'est des associations salutaires ? Supposons que dans une société inorganique et atomistique, un coup de vent s'élève : soufflé par des démagogues et des sycophantes, il aura bientôt soulevé une nuée de turbulents, d'envieux et de fanatiques. Le tourbillon ne rencontrant que poussière balayera et bouleversera tout dans sa marche impétueuse, et il ne s'arrêtera que lorsqu'il aura épuisé sa propre impulsion. Mais que les grains de sable soient réunis, cimentés et constituent des masses solides, l'ouragan s'y brisera et s'abattra à leurs pieds. Il y a en France assez d'éléments conservateurs pour repousser toute tentative perturbatrice ; seulement l'organisation leur manque, et ils attendent encore le lien et le ressort de l'association pour acquérir leur puissance effective. Combien de gens qui restant isolés paraissent indécis, décontenancés, pusillanimes au milieu des troubles civils, mais qui se redresseraient et s'enhardiraient, s'ils se sentaient encadrés dans les rangs, soutenus par la force collective et animés des sentiments généraux d'une association à laquelle ils seraient étroitement attachés ? N'y a-t-il pas aussi un grand nombre d'individus qui, dans les moments d'effervescence politique, se laissent décevoir par les grands mots de liberté, d'égalité, d'intérêts populaires pris pour enseignes par des artisans de désordre, se mêlent aveuglément à une tourbe inconnue et se font à leur insu les auxiliaires de passions mauvaises, faute d'avoir pris une place fixe dans un groupe qui leur fût approprié et d'y avoir appris à discerner leurs véritables rapports avec les diverses catégories parmi lesquelles sont distribués leurs concitoyens ? Ce n'est qu'au moyen d'une exacte classification qu'on réussit à s'orienter au milieu de la multitude indéfinie des êtres qu'offre la nature ; et toute classification repose sur une série de groupements, d'associations déterminées suivant la similitude et la diversité des sujets.

Il est impossible au vulgaire de percevoir directement les relations générales que les citoyens ont entre eux et dont l'Etat forme le nœud. Ce champ d'études est trop vaste, il est hérissé de trop de complications, il est trop fertile en excitations, pour que l'observateur novice puisse subitement en tirer des notions claires, justes et précises. Ce n'est que par degrés successifs et en allant du simple au composé que l'esprit parvient à concevoir nettement des idées à la fois très-étendues et très-complexes. Ce n'est aussi que par une série d'exercices gradués que le caractère se dresse à un genre d'action dont la portée est lointaine, dont les ressorts sont entremêlés et dont le mouvement est exposé à des crises violentes. Les affaires publiques sont évidemment les affaires de tous les citoyens et tous doivent prendre part à leur réglement. Mais comment un ouvrier, un cultivateur, un petit bourgeois, sans remonter plus haut l'échelle sociale, pourront-ils comprendre le mécanisme de l'Etat, le jeu, l'antagonisme et l'harmonie des intérêts politiques qui s'agitent au sein de la nation, s'ils n'ont subi l'épreuve d'une initiation préalable et s'ils ne se sont pas auparavant familiarisés avec des faits analogues, mais beaucoup plus simples, qu'ils auront eu à manier dans l'enceinte bornée et modeste d'une commune, d'un département, d'une association de travail, de défense, d'édification, de plaisir ou de bienfaisance. L'universalité des citoyens exprimant leurs volontés sur les affaires de l'Etat par l'entremise de représentants qu'ils élisent à cet effet, quelle sera la valeur des suffrages émis en cette circonstance, s'ils sont le produit de l'ignorance et de l'impéritie ? Une impression momentanée en décidera. La prévention, l'enthousiasme, la colère, la peur, la surprise, la fantaisie, l'illusion, la tromperie les entraîneront tour à tour dans les directions les plus inattendues, les plus bizarres et les plus absurdes. En vain on inventera un savant appareil, au moyen duquel on espèrera faire manœuvrer le suffrage universel sous une main prudente ; l'artifice et l'intimidation l'assoupliront et le rendront docile pendant quelque temps ; mais un jour, à l'improviste, quelque passion, quelque caprice s'emparant de lui, il se secouera, brisera en un clin-d'œil toutes les machines qui lui auront été appliquées, et puis il se précipitera à l'aventure.

Maintenant et dorénavant les peuples ne peuvent être régulièrement, loyalement et sûrement gouvernés que par eux-mêmes, c'est-à-dire par leur sagesse, leur raison et leur expérience. Il faut que chaque citoyen s'impose à lui-même sa propre règle, conformément à l'ordre général. Or la pratique seule enseigne l'art de se régler soi-même. Il convient donc que les citoyens soient sans cesse appelés à s'assembler, à s'observer, à se mesurer, à soutenir entre eux des luttes pacifiques, à se contenir réciproquement, à résoudre leurs différends par des accords librement consentis, et à recourir soit aux inspirations, soit à l'arbitrage des hommes dont ils auront reconnu la vraie supériorité. C'est par de telles épreuves soutenues avec persévérance que les peuples modernes, particulièrement nos compatriotes, parviendront à accomplir leur éducation politique si longtemps retardée et pourtant si nécessaire à leur bonheur et à leur moralité. C'est en se livrant avec un zèle continu à de tels exercices que nous réussirons enfin à nous guérir de ce fanatisme révolutionnaire, de cette pente à la servilité, de ce culte superstitieux envers l'Etat, de cette impatience de l'autorité, de ce goût effréné des fonctions publiques, de cette manie d'égalité absolue, de ce fétichisme qui s'attache à des noms propres, de ce radicalisme dans les vues, de cette routine dans la conduite, de ces éruptions, de ces accès de torpeur, en un mot de tous ces travers et de tous ces vices politiques, qui nous sont amèrement reprochés et qui doivent exciter en nous-mêmes ce profond repentir, d'où surgit la réhabilitation.

www.ingramcontent.com/pod-product-compliance
Ingram Content Group UK Ltd.
Pitfield, Milton Keynes, MK11 3LW, UK
UKHW021908260726
13966UKWH00006B/1280

9 782012 486140